Compromissen en *rotte compromissen*

לסיכום אחרי כאלה

To Mina
from
Avishai
Margalit

D1731618

Avishai Margalit

Compromissen en
rotte compromissen

Vertaald door Ronald Kuil

Boom | Amsterdam

Oorspronkelijk verschenen onder de titel
On Compromise and Rotten Compromises

© Princeton University Press, Princeton en Oxford 2009
© Uitgeverij Boom, Amsterdam 2009

Verzorging omslag en binnenwerk: TEFF (www.teff.nl)
Afbeelding omslag: Thomas Weißenfels, © iStockphoto LP, 2009

ISBN 978 90 8506 853 2
NUR 730

Ter herinnering aan mijn ouders, Miriam en Moshe

Dankwoord

In 2005 gaf ik aan Stanford University twee Tanner-lezingen. De thema's hiervan vormen de basis voor de hoofdstukken 1 en 3. De lezingen werden nauwkeurig onder de loep genomen door vier buitengewoon capabele commentatoren afkomstig uit verschillende terreinen van wetenschap: John Ferjohn, Lee Ross, Samuel Scheffler en Tamar Schapiro. Ik mocht mij ook gelukkig prijzen met zeer indringende kritische opmerkingen van Kenneth Arrow, Moshe Halbertal en Amelie Rorty, die de Tanner-lezingen lazen en in detail van commentaar voorzagen. Edna Ullmann-Margalit las het gehele manuscript, en haar inbreng was als altijd van onschatbare waarde.

Ik dank Mike Borns, Julia Bernheim en Lauren Lepow voor hun assistentie op verschillende momenten voor wat betreft kwesties van taal en stijl.

Voor de tekortkomingen van dit boek ben ik zelf verantwoordelijk, maar zonder alle ondersteuning zouden het er veel meer zijn geweest.

Waarom een compromis?

De thematiek

Albert Einstein zou gewaarschuwd hebben: 'Hoed u voor rotte compromissen.'[1] Mijn boek is een poging deze waarschuwing uit te leggen en te ondersteunen.

Maar dit boek gaat over veel meer. Het gaat over vrede en compromissen.

Meer in het bijzonder: welke compromissen we ter wille van de vrede niet mogen sluiten.

Het korte antwoord daarop luidt: rotte compromissen mogen niet, zelfs niet ter wille van de vrede. Andere compromissen moeten tot in detail worden besproken, één voor één: ze moeten op hun merites worden beoordeeld. Slechts rotte compromissen worden in totaliteit uitgesloten. Ook al gaat dit boek over compromissen die wat er ook gebeurt vermeden moeten worden, het heeft als hoofddoel om de grootst mogelijke (morele) ruimte te laten voor compromissen ter wille van de vrede, inclusief gevallen waarin vrede wordt bereikt ten koste van de rechtvaardigheid. In dit boek ben ik eerder op zoek naar *een* vrede dan naar een *rechtvaardige* vrede. Vrede valt te rechtvaardigen ook zonder rechtvaardig te zijn.

Dat is geen gemakkelijke stelling, maar wel mijn stelling hier.

De in dit boek besproken compromissen zijn eerder politiek dan persoonlijk. Het onderscheid daartussen is echter niet altijd duidelijk. Sommige persoonlijke afspraken hebben immense politieke implicaties. Robert Oppenheimers rol in het tot stand brengen van de atoombom wordt vergeleken met een faustiaanse transactie. Volgens Freeman Dyson was de afspraak als volgt: een atoombom in ruil voor de mogelijkheid op grote schaal natuurkundig onderzoek te verrichten,[2] of meer ter zake: Oppenheimer zou de leiding krijgen over een grootschalig natuurkundig onderzoek. Maar hoe de echte details van Oppenheimers faustiaanse pact er ook uitzagen, de politieke implicatie van de atoombom is even duidelijk als de atoomwolk die eruit opsteeg.

Een rot compromis is in mijn optiek een overeenkomst om een onmenselijk regime te vestigen of in stand te houden, een regime van wreedheid en vernedering, een regime dus dat mensen niet als mensen behandelt. In dit boek gebruik ik steeds de term 'onmenselijk' om extreme uitingen aan te geven waarin mensen niet als mensen worden behandeld. Onmenselijk in de zin van wreed, primitief en barbaars gedrag behelst in mijn woordgebruik maar één element van 'onmenselijk'; vernedering is een ander element. Zoals ik het zie wordt de mens bij vernedering al niet meer als mens behandeld, maar vernedering die nog door wreedheid wordt versterkt is 'onmenselijk'. Een onmenselijk regime bestaat dus uit een samengaan van wreedheid en vernedering.

Het idee van een onmenselijk regime, een regime van wreedheid en vernedering, vormt mijn leidraad als het gaat om rotte compromissen. Mijn basisstelling is dat we ervoor moeten waken onze goedkeuring te geven, al is het maar passief, aan het vestigen of in stand houden van een regime van wreedheid en vernedering – om kort te gaan: van een onmenselijk regime.

Uit de doos van Pandora kwamen veel slechte dingen, en het vraagt om een verantwoording waarom juist onmenselijke regimes ten koste van alles moeten worden vermeden.

Onmenselijke regimes hollen het fundament van de moraal uit. De moraal is namelijk gebaseerd op het behandelen van mensen als mensen; mensen niet als mensen behandelen ondermijnt die vooronderstelling van de moraal. Ik maak daarbij een onderscheid tussen *moraal* en *ethiek*. Moraal gaat over hoe menselijke relaties zouden moeten zijn op grond van het feit dat we mensen zijn en alleen op grond daarvan.

Ethiek gaat daarentegen over de soort relatie die we met andere mensen zouden moeten hebben op grond van een bijzondere relatie die we al met hen onderhouden, zoals een familierelatie of een vriendschap.

Van nature is de moraal gebaseerd op het deel uitmaken van de mensheid, in de zin van deel uitmaken van de menselijke soort. De aanslag die op de mensheid wordt gepleegd wanneer mensen als niet-mensen worden behandeld, ondermijnt de opzet van de moraal, namelijk om menselijke betrekkingen in te richten zoals ze zouden moeten zijn.

Om de moraal te verdedigen volgt er ten slotte een strenge vermaning: rotte compromissen dienen wat er ook gebeurt vermeden te worden. Maar waar komt dit 'wat er ook gebeurt' op neer? De hoofdstukken 4 en 5 moeten op die vraag een antwoord geven. De uitkomst is dat 'wat er ook gebeurt' erg letterlijk moet worden genomen.

Laat ik nogmaals benadrukken dat dit boek strenge waarschuwingen tegen rotte compromissen bevat, maar dat het ook bedoeld is om krachtig te pleiten voor compromissen in het algemeen en vooral voor compromissen ter wille van de vrede. Het beperkt een algeheel verbod op compromissen tot het strikte minimum. Een algeheel verbod beperken tot het strikte minimum betekent echter niet dat alle compromissen gerechtvaardigd zijn. Er zouden goede redenen kunnen zijn om een specifiek compromis af te wijzen, omdat het oneerlijk, onredelijk of ongeschikt is. De verkoop van Manhattan (in 1624) voor handelswaar ten bedrage van zestig gulden was voor de oorspronkelijke bewoners van Amerika die het betrof niet een erg goed idee, datzelfde geldt trouwens ook voor de verkoop van Alaska door de Russen (in 1867) voor 7,2 miljoen dollar.

Het adagium 'Een mager compromis is beter dan een vette rechtszaak'[3] wordt door mij niet onderschreven. Maar ik beweer wel dat *rotte* compromissen onder alle omstandigheden moeten worden verhinderd. Andere compromissen moeten op hun merites worden beoordeeld, van geval tot geval. Sommige pakken misschien uit als dubieuze overeenkomsten (overeenkomsten met twijfelachtige motieven), inferieure overeenkomsten (de uitwisseling van nepartikelen, 'spiegeltjes en kraaltjes', voor echt waardevolle zaken), of kwalijke overeenkomsten (van uitbuiting, gebruik makend van de kwetsbaarheid van de zwakke partij). Dit zijn allemaal vormen van moreel slechte transacties, maar gezien de alternatieven zijn ze soms misschien gerechtvaardigd. Rotte compromissen zijn iets anders. Die zijn nooit *gerechtvaardigd*; op z'n hoogst zijn ze te *excuseren*.

Rotte compromissen bevinden zich meestal in het 'hart der duisternis'. Racistische regimes zijn het toppunt van mensen niet als mensen behandelen en ze vormen een directe belediging voor de veronderstelde gedeelde menselijkheid. Een compromis dat racistische regimes instelt of in stand houdt, is het toppunt van verderfelijkheid.

Eén deprimerend voorbeeld van een rotte overeenkomst vertoont zelfs alle kenmerken van Joseph Conrads beroemde *Heart of Darkness*.[4] Hoewel dit voorbeeld een duidelijk geval van een rot compromis is, doet het de scheidslijn tussen een persoonlijke rotte transactie en een collectieve rotte transactie vervagen. Het gaat om het privébezit dat koning Leopold II van België had in de Congo, zogenaamd om 'Afrika te verlichten'. Zo er ooit regimes van wreedheid en vernedering waren, dan behoort het persoonlijke bewind, tussen 1880 en 1908, van deze koning over deze kolonie daar zeker toe. De bevolking van de Congo werd niet alleen in slavernij gevoerd en onmenselijk bruut behandeld, maar ook werd de helft ervan (tussen de acht en tien miljoen) afgeslacht om 'de duisternis van Afrika te verlichten'.[5] Conrads boek, zo leren we uit Adam Hochschilds *King Leopold's Ghost*, is dus geen allegorie maar een realiteit. Leopolds Congo-Vrijstaat vormde een directe aanslag op de notie van een gedeelde menselijkheid.[6]

Twee soorten verdragen speelden een rol bij de Congo-Vrijstaat. De ene was bedoeld om land te verwerven in de Congo, meestal van lokale hoofdmannen. Die overeenkomsten kunnen nauwelijks omschreven worden als compromissen. Ze werden door middel van dreigementen en directe intimidatie afgedwongen. De andere soort overeenkomsten, zoals die tussen Leopold II, Frankrijk en de Verenigde Staten (1884-1885), zijn wel compromissen – en ook nog eens erg rotte. Ze boden handelsvoordelen in de Congo in ruil voor de erkenning van Leopolds onmenselijke regime. Deze rotte compromissen verschillen van dubieuze, inferieure en kwalijke compromissen; ze zijn te allen tijde moreel verkeerd. Leopold II bestuurde de Congo als zijn privébezit. Je zou dus kunnen zeggen dat overeenkomsten met Leopold, hoe slecht ze ook waren, persoon-lijke overeenkomsten waren, geen politieke overeenkomsten tus-sen twee collectieven. Technisch gezien is dat waar, maar dan ook alleen in technische zin.

Compromis, een ambivalent concept

Het concept van het compromis zou volgens mij zowel in de micro-moraal (over de interactie tussen individuen) als in de macromoraal (met betrekking tot politieke eenheden) centraal moeten staan. Per slot van rekening brengen we maar zelden tot stand wat bovenaan op onze prioriteitenlijst staat, of we nu individuen zijn of collec-tieven. Door omstandigheden gedwongen moeten we genoegen nemen met minder dan waarnaar we streven. We komen tot een compromis. Ik vind dat we eerder naar onze compromissen dan naar onze idealen en normen beoordeeld zouden moeten worden. Idealen mogen ons dan misschien iets belangrijks vertellen over wat we zouden willen zijn. Maar compromissen vertellen ons wie we zijn.[7]

De compromissen waar we uiteindelijk genoegen mee nemen zijn, als we geluk hebben, onze op een na beste keuzes, en vaak zelfs dat niet. Maar ze vertellen ons dus meer over onze morele positie dan een beschrijving van onze eerste prioriteit.[8]

Toch neemt het concept van het compromis in de filosofische discussie geen centrale plaats in, zelfs niet als iets secundairs. Eén reden waarom het geen filosofisch thema is, komt voort uit de fi-losofische voorkeur voor de ideale theorie. Compromissen sluiten ziet er wat groezelig uit, als het treurige gedoe van de politiek van alledag. Het ziet er inderdaad heel anders uit dan de ideale theorie van de micro- en macromoraal. Die ideale theorie gaat over normen en idealen, niet over het op een na beste. Om compromissen uit de morele theorie te verwijderen is echter net zoiets als het verwijde-ren van wrijving uit de fysica omdat het iets toegepast zou zijn.

Compromissen sluiten is een ambivalent concept. Het kan steeds verschillend beoordeeld worden. Het roept boegeroep op of gejuich – als een positieve notie die menselijke samenwerking aangeeft, samen met een negatieve notie die verraad aan hooggestemde principes aangeeft. Compromissen sluiten wordt bij sommige gelegenheden beschouwd als een uiting van goede wil, en bij andere gelegenheden als slap.

Een *ambivalent* concept verschilt van een *wezenlijk betwist* concept.[9] Dit laatste heeft een onomstreden en onbetwistbaar goede connotatie, en de strijd gaat er alleen maar over wat het beste voorbeeld van zijn soort vertegenwoordigt. Tijdens de Koude Oorlog was 'democratie' een wezenlijk betwiste term tussen communisten en liberalen. Voor communisten was de volksdemocratie van Oost-Europa een 'echte' democratie en was de liberale democratie een strikt 'formele' democratie; terwijl voor liberalen juist de liberale democratie van West-Europa echt was en de volksdemocratie een eufemisme voor een onderdrukkende partijdictatuur. Waar het hier echter om gaat is dat beide partijen het woord 'democratie' als aanbeveling beschouwden, waarbij elk de positieve connotatie voor haar eigen ideologie probeerde toe te eigenen. Ambivalente begrippen zijn anders: ze zijn zowel goed als slecht.

Maar daarbij moeten we wel bedenken dat politiek geen taalfilosofische exercitie is, en dat een gevecht over het gebruik van woorden nooit alleen maar over woorden gaat. Waar bij 'compromissen sluiten' over gestreden wordt, is het sluiten van compromissen als zodanig: is het iets goeds – zoals vriendschap en vrede – of is het iets slechts, zoals bangigheid en een gebrek aan ruggengraat?

Oppervlakkig beschouwd lijkt het wat dwaas om te vragen of compromissen goed of slecht zijn. Het is alsof je zou vragen of bacteriën goed of slecht zijn: we kunnen niet leven zonder bacteriën, al gaan we soms aan ze dood. Toch zorgt deze asymmetrie er wel voor dat het de moeite waard is de vraag over de goedheid en de slechtheid van bacteriën te stellen, net zoals bij compromissen sluiten. In ons lichaam bevinden zich tienmaal zoveel bacteriën als cellen, en vele daarvan zijn voor ons van levensbelang. Een klein aantal bacteriën is ziekteverwekkend, maar met de juiste behandeling kunnen we die kwijtraken. Ook compromissen zijn van vitaal belang voor het maatschappelijk leven, zelfs al zijn sommige compromissen ziekteverwekkend. We hebben antibiotica nodig om ziekteverwekkende bacteriën het hoofd te bieden. En we moeten actief verzet bieden aan rotte compromissen, die dodelijk zijn voor het morele leven van een staat.

De spanning tussen vrede en rechtvaardigheid

Ik denk dat er achter de ambivalentie ten aanzien van compromissen en de mentaliteit van compromissen een hevige spanning tussen vrede en rechtvaardigheid schuilgaat. Vrede en rechtvaardigheid vereisen misschien zelfs twee onverenigbare temperamenten, de ene van het compromis ter wille van de vrede, en de andere van een Michael Kohlhaas-achtige koppigheid, om het recht te laten prevaleren, wat er ook gebeurt.[10] In de Hebreeuwse Bijbel leven vrede en rechtvaardigheid in harmonie: 'Gerechtigheid en vrede kussen elkaar' (Psalm 85:11). Daarentegen leven ze voor de duistere Heraclitus in disharmonie: 'Gerechtigheid is strijd.'[11] De Talmoed erkent de spanning tussen beide: 'Wanneer er strikt genomen gerechtigheid is, is er geen vrede, en waar er geen vrede is, is er strikt genomen geen gerechtigheid.'[12] De geest van vrede is voor de Talmoedisten de geest van het compromis, zoals die tot uiting komt in bemiddeling; de geest van rechtvaardigheid – 'Laat gerechtigheid de berg doorboren'[13] – komt tot uiting in de rechtszaak.[14]

In de ogen van de rabbi's is Mozes de belichaming van rechtvaardigheid, en belichaamt zijn broer Aaron de geest van compromis en vrede. Mozes wordt bewonderd. Aaron is geliefd.

De spanning tussen vrede en rechtvaardigheid staat centraal in dit boek; het compromis is de schakel ertussen. Ik ben vooral geïnteresseerd in de morele status van compromissen ter wille van de vrede ten koste van rechtvaardigheid. Hoe ver mogen we voor de vrede gaan in het opgeven van rechtvaardigheid? Behoorlijk ver, zou ik zeggen, maar niet tot het eind. Dit is het korte antwoord. Mijn lange antwoord is dit boek als geheel.

Wanneer je zegt dat twee termen op gespannen voet staan, is dat vaak een manier om de zaak te vertroebelen en te zeggen dat die erg moeilijk ligt: de spanning tussen vrede en rechtvaardigheid moet echter nader worden toegelicht. We zijn geneigd vrede en rechtvaardigheid te zien als elkaar *aanvullende* zaken, als *fish and chips*, terwijl ze in werkelijkheid tegenover elkaar staan als *rivaliserende* zaken, als thee en koffie. De spanning komt door de mogelijkheid van een uitruil tussen vrede en rechtvaardigheid: om vrede te verwerven zijn we soms gedwongen met rechtvaardigheid te betalen.

Levi Eshkol, een voormalige minister-president van Israël en een van mijn helden, had de reputatie een genadeloos zoeker naar compromissen te zijn. Het verhaal gaat dat toen hem werd gevraagd of hij thee of koffie wilde, hij antwoordde: 'Van beide de helft', waarbij de gedachte was dat de geest van het compromis iemand blind kan maken voor het feit dat zaken waartussen men moet kiezen met elkaar rivaliseren. De uitruil tussen vrede en rechtvaardigheid is een ernstige aangelegenheid. Hij kan tragisch zijn, en het besef van deze tragische keuze is overal in dit boek aanwezig.

Niet iedereen is het erover eens dat vrede en rechtvaardigheid mogelijk met elkaar botsen. Eén bezwaar tegen die opvatting is de gedachte dat vrede rechtvaardigheid mede vormgeeft en dus een wezenlijk bestanddeel van rechtvaardigheid is: meer vrede betekent meer rechtvaardigheid. Een andere, maar wel daarmee verwante opvatting is dat vrede slechts oppervlakkig met rechtvaardigheid is verbonden: meer vrede zou voor meer rechtvaardigheid kunnen zorgen.[15]

Zo denk ik er niet over. Mijn positie kan ik via een analogie uitleggen. Cafeïne werd beschouwd als essentieel voor koffie, of op z'n minst als een factor die bijdroeg aan het hoofdkenmerk van koffie, namelijk die van opwekkend middel. Cafeïne uit de koffie verwijderen werd vroeger gezien als ondenkbaar. Nu zijn we echter in staat om de cafeïne uit de koffiebonen te halen en iets te maken wat concurreert met koffie: cafeïnevrije koffie. Vrede is de cafeïne van rechtvaardigheid: zij versterkt rechtvaardigheid. Maar vrede kan, net als cafeïnevrije koffie, de concurrentie met rechtvaardigheid aan. Tussen beide kan een uitruil bestaan, net zoals tussen koffie en cafeïnevrije koffie. Vanwege deze situaties van uitruil tussen vrede en rechtvaardigheid, heb ik het over een spanning tussen beide.

Politieke filosofen zijn ingegaan op de notie van een blijvende ('permanente') vrede, maar slechts zelden op de notie van een rechtvaardige vrede. Misschien komt dit omdat filosofen het gevoel hebben dat een rechtvaardige vrede wel eens de vijand zou kunnen zijn van de notie van 'gewoon maar' vrede, volgens het cliché dat het beste de vijand van het goede is. In deze opvatting is het beter om je zorgen te maken over de stabiliteit van de vrede dan over het feit of die al dan niet rechtvaardig is. Een andere reden is misschien dat aangezien zowel vrede als het tot stand brengen van vrede op zichzelf al zo goed en redelijk lijken, ze niet gerechtvaardigd hoeven te worden. Die verklaring snijdt echter geen hout. De meeste filosofen zijn immers geen pacifisten die geloven dat vrede tegen elke prijs gerechtvaardigd is. Veel denkers beweren dat er rechtvaardige oorlogen bestaan die de voorkeur verdienen boven buitengewoon onrechtvaardige vredessituaties. Let wel, er bestaat een verschil tussen een *rechtvaardige* vrede en een *te rechtvaardigen* vrede. Niet elk onrecht rechtvaardigt het om ten strijde te trekken. Toch zullen de meeste denkers het er wel mee eens zijn dat sommige situaties van onrecht een oorlog rechtvaardigen. Maar terwijl er vele intensieve debatten over rechtvaardige en niet-rechtvaardige oorlogen plaatsvinden, ontbreken de parallelle en onafhankelijke debatten over rechtvaardige en onrechtvaardige vrede.

Bezorgdheid over wrede vernedering

De kwestie van een wrede vernedering als punt van grote morele zorg is in mijn boek *De fatsoenlijke samenleving* nadrukkelijk aanwezig. Ditmaal richt ik me op extreme vormen van vernedering, namelijk vernedering in combinatie met wreedheid. Het gaat me meer om vernedering als een verlies van menselijke waardigheid dan om maatschappelijke of nationale eer. Het gevoel van nationale vernedering speelt echter wel een belangrijke politieke rol in de poging om via een vredesovereenkomst tot een compromis te komen.

Het lijkt erop dat de orthopedische opgave van een vredesverdrag

– om de 'houding' van een natie te verbeteren – bijna onmogelijk tot stand valt te brengen. Een vredesverdrag vergt van nature pijnlijke compromissen en er zullen altijd wel mensen zijn die een compromis als een beschamende capitulatie zien, degenen voor wie sterven met 'het zwaard in de hand' te verkiezen is boven elk compromis. Maar dit feit op zich – namelijk dat sommigen een vredesverdrag altijd als een capitulatie zullen opvatten – zou bij de vredestichters *moreel* niet zwaar mogen wegen. Er is echter wel een daarmee samenhangend punt, namelijk de *morele* overweging van eer en vernedering, waar elk vredesverdrag rekening mee moet houden.

Het syndroom van München

Isaiah Berlin liet mij kennismaken met het thema compromis en rot compromis doordat hij mij sterk het besef bijbracht van het belang van de geest van het compromis in de politiek, maar ook door mij duidelijk te maken welke ervaring zijn generatie had gevormd: het Verdrag van München als een volstrekt rot compromis.

Het trauma van de *appeasement* liet Berlin en zijn generatie nooit meer los. Gedurende enkele dagen tijdens de Suez-crisis van 1956 vond Edens obsessie met *appeasement* ook bij Berlin weerklank, evenals de gedachte dat als Nasser niet tot staan werd gebracht, hij onstuitbaar zou kunnen worden – tot hij zich realiseerde dat de analogie tussen de echte Hitler en de Mussolini-aan-de-Nijl een op hol geslagen analogie was.

We spraken over Suez en ik klaagde verontwaardigd over het misbruik van het Verdrag van München door paranoïde politici: degenen die Chamberlains paraplu, als symbool van defaitisme, overal zien opduiken.

Berlin wilde dat wel toegeven en kwam nog met een andere anekdote. Er was eens een man die hard op een kokende fluitketel timmerde. 'Wat doe je nu toch?' werd hem gevraagd. 'Stoomlocomotieven kan ik niet uitstaan.' 'Maar dit is een ketel, geen locomotief.' 'Ja, ja, dat weet ik, maar je moet ze doodmaken als ze nog klein zijn.'

Ik vermoed dat de vaak gebruikte analogie van het toegeven aan

Nasser als een Mussolini-aan-de-Nijl, of van Saddam als een Hitler-aan-de-Tigris, het karakter heeft van de ketel-als-jonge-locomotief.

Hoe graag ik het Verdrag van München ook zou willen gebruiken als het schoolvoorbeeld van een rot compromis, ik ben me scherp bewust van de verfoeilijke rol die het speelt in politieke propaganda.

Wat Berlin betreft, zijn trauma aangaande *appeasement* werd misschien op afstand gehouden door de diepe overtuiging (die hij deelde met zijn leermeester, de historicus H.A.L. Fisher) dat de geschiedenis uit 'het ene vervloekte ding na het andere' bestaat. Er is dus geen ruimte om de geschiedenis te interpreteren als een reeks van prefiguraties, waarbij de ene persoon – bijvoorbeeld Hitler – een andere toekomstige persoon aankondigt en elk compromis onder Chamberlains paraplu past. De kwestie van het compromis was voor Berlin de keerzijde van de gouden medaille van morele moed en integriteit. Zijn persoonlijke vrees was dat zijn neiging om naar een compromis te streven een teken van bangigheid was. Toch zette hij een even hoge premie op het compromis als Edmund Burke in zijn beroemde redevoering op 22 maart 1755 over een verzoening met Amerika: 'Elke regering – ja zelfs elk menselijk voordeel en bezit, elke deugd en elke verstandige daad – is gefundeerd op compromis en ruilhandel.'[16] Met ruilhandel bedoelde Burke, volgens mij, geven en nemen. Ook voor Burke is een compromis sluiten niet alleen een politieke aangelegenheid maar ook een persoonlijke strategie. Maar daarbij lijkt het erop dat compromissen sluiten een van de zowel noodzakelijke als onmogelijke waarden is. Bovendien is het zowel noodzakelijk als onmogelijk juist wanneer het er het meest toe doet – namelijk wanneer we ter wille van de vrede een compromis moeten sluiten met de rechtvaardigheid.

Dit brengt me naar een verwante, levenslange interesse van Isaiah Berlin die een diepe indruk op mij maakte: zijn fameuze stelligheid dat waarden met elkaar kunnen botsen en niet tot elkaar te herleiden zijn. Berlin was blij met de botsing van waarden, die hij zag als een uiting van menselijke verscheidenheid, zelfs als hij de tragische kant van dergelijke botsingen onderkende. Ik hoor hem nog bijna zeggen, met een Walt Whitman-achtige geestdrift: 'In het vasthouden aan onze waarden spreken we onszelf tegen. Het zij zo, we spreken onszelf tegen. Maar we zijn dan ook groot en veelomvattend.'

De botsing, of de schijnbare botsing, in het middelpunt van het politieke denken is die tussen vrijheid en gelijkheid. Ik denk echter dat we ons het meest zorgen zouden moeten maken over de botsing tussen vrede en rechtvaardigheid.

Over de passieve partij

Een typerend rot compromis kent twee partijen: de ene is in een regime van wreedheid en vernedering de dader, en de andere een passieve deelnemer, die zijn steun verleent aan een dergelijk regime door de overeenkomst te tekenen. Mij gaat het om het perspectief van de passieve partij. Voor de dader van het kwaad is het rotte compromis nog het minst kwade van de dingen die hij doet. De rotheid ervan bestaat uit het vestigen en in stand houden van een onmenselijk regime, een regime van systematische wreedheid en vernedering. Maar de rotheid van de passieve partij bestaat eruit steun te verlenen aan de actieve partij. Wat mij in het Verdrag van München interesseert is de Britse passieve partij, niet de nazistische actieve partij. Het naziregime is niet rot vanwege het getekende verdrag, maar omdat het de werkelijkheid creëerde waardoor het verdrag rot was.

In het geval dat beide partijen van het verdrag plegers van wreedheid en vernedering zijn – zoals bijvoorbeeld in het geval van het Molotov-Ribbentroppact van 23 augustus 1939, dat ook bekend staat als het Hitler-Stalinpact – gaat het niet om de rotheid van het pact zelf maar om de zeer wrede daden van de ondertekenaars.

De keuze tussen Stalin en Hitler

Dan blijft er nog één groot thema over: hoe staat het met een passieve partij (bijvoorbeeld Churchill) die een overeenkomst sluit met de ene dader (Stalin) tegen de andere (Hitler)? Is een dergelijke overeenkomst rot? In dit geval is dit is een tamelijk misleidende voorstelling van zaken, omdat het Duitsland was dat Rusland binnenviel. Het was niet simpelweg een keuze die voortkwam uit een compromis om partij te kiezen voor de ene dader tegen de andere. Maar toch ging het voor Churchill om de keuze tussen deze twee.

De keuze was geen kwestie van het mindere kwaad, maar een keuze tussen het radicale kwaad en het kwaad, waarbij Hitler het radicale kwaad was. Ik zie me hoe dan ook genoodzaakt om het stalinisme en het hitlerisme moreel te gaan vergelijken.

Persoonlijk vind ik het uitvoeren van juist deze vergelijking pijnlijk. Ik ben me er terdege van bewust dat de heroïek en de opoffering van het Rode Leger en van de Sovjetburgers, meer dan wat ook, ervoor heeft gezorgd dat nazi-Duitsland werd verslagen. Als Jood ben ik me er bovendien sterk van bewust dat vele Joden door het Rode Leger zijn gered, los van de nog onbeantwoorde vraag of de Sovjets zich tijdens de evacuatie van 1941 speciaal hebben ingespannen om Joden te redden. De bewering dat er tijdens de snelle opmars van het Duitse leger een speciale verordening van het Kremlin zou hebben bestaan om voorrang te geven aan de evacuatie van de Joodse bevolking, is mogelijk niets meer dan een propagandistische mythe. Maar het is géén mythe dat veel Joden, met of zonder voorrang, werden gered door de Sovjets, waaronder, heel gruwelijk, maar een enkeling uit mijn grote familie en verdere aanverwanten. Net als vele anderen voel ik een immense dankbaarheid jegens Sovjet-Rusland voor zijn rol om de wereld van Hitler te verlossen. Ik vind de poging om de rol van de Sovjets in het verslaan van Duitsland te bagatelliseren verachtelijk. Maar toch moet in de context van het vooroorlogse Europa de morele vraag voor iemand als Churchill of hij partij moest kiezen voor Stalin of voor Hitler, die beiden het gezag voerden over wrede en vernederende regimes, aan de orde worden gesteld. In de conclusie van dit boek onderneem ik dan ook een morele vergelijking tussen deze twee.

De morele betekenis van de Tweede Wereldoorlog is een onderwerp dat ik met Stuart Hampshire eindeloos heb besproken. Hij werd door de oorlog gevormd, en hij overtuigde mij ervan dat deze ook in het denken van mijn generatie centraal zou moeten staan. Hampshire bezat een zesde zintuig voor morele dubbelzinnigheden. Ik deed mijn best, misschien door middel van osmose, om van hem niet alleen de betekenis van de twintigste eeuw te leren kennen maar ook de gevoelswaarde ervan.

Als dit boek een stevige waarschuwing tegen het sluiten van rotte compromissen uitspreekt, dan zendt het tegelijk ook een waarschuwend woord uit tegen een stijfhoofdige, tot geen compromissen bereide mentaliteit – de mentaliteit van de sektariër. Een dergelijke waarschuwing ontving ik zelf van niemand minder dan Irving Howe. En dat maakte een diepe indruk op me. Wat volgt is het verhaal van mijn eerste ontmoeting met Howe, die uitliep op een waarschuwing.

In de sombere dagen volgend op de Jom Kipoeroorlog van 1973 kwam een delegatie van intellectuelen uit de Verenigde Staten naar Jeruzalem en logeerde in het beroemde King David Hotel. Op dat moment waren er in Israël geen toeristen en misschien waren zij de eersten die na de oorlog en nog net voor de verkiezingen hier aankwamen. Ik stond op de kandidatenlijst van Moked, een kleine linkse vredespartij. Onze kiezers kenden we bijna allemaal bij naam. Over de kwaliteit van de steun bestond nooit twijfel – Moked was de partij van de intelligentsia – maar wel over hun aantallen.

Toen het zover was verwierven we in de Knesset één zetel van de honderdtwintig. Moked bepleitte een tweestatenoplossing, Israël en Palestina. In de tijd van Golda Meir was alleen al het noemen van een Palestijnse staat een ketterij die de aanhangers ervan verzekerde van een plaats in het bevroren meer in Dantes negende hellekring. Het bevroren meer is sindsdien gesmolten. Het idee van twee staten is nu tot Israëlische consensus geworden, veel Israëli's uiten hem in het openbaar, maar niet genoeg Israëliërs hechten er privé geloof aan.

Ariel Sharon, de bevelhebber van mijn onderdeel tijdens de Jom Kipoeroorlog, was op dat moment de grote bruggenbouwer van rechts. Hij dwong Begins partij en de Algemene Zionistische Partij om een verkiezingsblok te vormen – het blok dat er later in slaagde om Begin aan de macht te helpen. Tegen de legerbepalingen in begon Sharon, terwijl hij nog in uniform rondliep, voor dit blok campagne te voeren. Bezorgd dat Sharon in het leger de boel zou gaan opstoken, gelastte de regering dat eenieder die op een kandidatenlijst stond voor de duur van de verkiezingscampagne van dienstplicht zou worden vrijgesteld. Dus werd ik samen met Sharon van actieve dienst ontheven en spoedde ik me van het Suezkanaal terug naar het eigenlijke Israël.

Op de dag dat ik thuiskwam in Jeruzalem werd ik geacht in het King David Hotel een ontmoeting te hebben met deze delegatie uit de Verenigde Staten, om hun de ideeën te presenteren van onze Moked-partij, zoals ook andere partijen hun eigen ideeën presenteerden. Ik was nog betrekkelijk jong en erg opstandig, dus ik zal vermoedelijk hebben gesproken als een *angry young man* die vond, wat ik nog steeds vind, dat Golda Meirs regering deze gruwelijke oorlog had veroorzaakt. Na afloop kwamen er twee personen op mij af: 'Mijn naam is Irving Howe.' 'Mijn naam is Michael Walzer.' Omdat beide namen mij erg bekend waren, was ik verrast en onder de indruk. Howe zei vervolgens tegen me: 'Ik ben het eens met heel veel van wat u zegt. Maar waarom maakt u propaganda voor een partij die geen kans heeft om de verkiezingen te winnen? Waarom wordt u geen lid van de Arbeiderspartij en verandert u die van binnenuit? Ongetwijfeld zullen ze mensen zoals u daar laten meedoen. Sharon bedrijft politiek, u niet.' Vervolgens kwam de *punchline*. 'Ik zeg u dit: vanuit mijn ervaring vind ik dat u ten koste van alles moet vermijden om een sekte te worden. Sektarische politiek is een vreselijke verspilling en ik heb het gevoel dat u het gevaar loopt sektarisch te worden, net als ik in mijn jeugd.' Ik voelde dat wat Irving Howe iets griezelig belangrijks had gezegd. In alle jaren sindsdien heeft Irvings gebod aan mij geknaagd: Gij zult geen sektariër zijn. Sektarische politiek is het tegendeel van de geest van compromis.

Hoofdstuk 6 is een poging tot een beschrijving van de mentale instelling waartegen Howe me waarschuwde.

In telegramstijl is de boodschap van dit boek de volgende. Over het algemeen zijn politieke compromissen iets goeds. Politieke compromissen ter wille van de vrede zijn heel erg goed. Dubieuze, inferieure en kwalijke compromissen zijn slecht, maar niet slecht genoeg om ten koste van alles te worden vermeden, vooral niet wanneer ze worden gesloten ter wille van de vrede. Slechts rotte compromissen zijn zó slecht dat ze ten koste van alles moeten worden vermeden. Rotte compromissen vormen echter maar een minieme ondercategorie in het grote pakket van mogelijke politieke compromissen.

Ik heb geprobeerd dit boek de redenerende stijl van een lezing te geven, informeel, anekdotisch, autobiografisch, met maar weinig voetnoten, en zich rechtstreeks richtend tot de toehoorder, als een 'u' in plaats van een indirect formeel beroep op 'de lezer'. Het gevaar van deze 'collegestijl' is dat het evenwicht tussen het retorische en het logische kan overhellen naar het retorische. In de filosofie is dit een ernstig gevaar. Als het om ethiek gaat, kan het retorische overgaan in moraliseren, waarbij het gevaar niet is dat de waarheid wordt veronachtzaamd maar dat argumenten en onderscheidingen worden veronachtzaamd. Ik zal daarom proberen te argumenteren door middel van onderscheidingen, in de hoop zo ver mogelijk bij moraliseren uit de buurt te blijven.

Of ik daarin ben geslaagd, is aan u om te beoordelen.

HOOFDSTUK 1

Twee visies op een politiek compromis

Appeasement

Op 29 september 1938 kwamen Hitler, Chamberlain, Daladier en Mussolini in München bijeen en bereikten overeenstemming om van Tsjechoslowakije het Sudetenland, een smalle strook land die bevolkt werd door etnische Duitsers, aan Duitsland over te dragen. In ruil hiervoor beloofde Hitler geen verdere territoriale eisen aan Europa te stellen. In maart 1939 bezette het Duitse leger heel Tsjechoslowakije. De rest is geschiedenis, gruwelijke geschiedenis.

Het Verdrag van München werd tot het symbool van een rot compromis, een compromis dat onder geen beding getekend had mogen worden. De politiek die leidde tot de overeenstemming van München kreeg als etiket *appeasement*. Omdat deze overeenstemming als verderfelijk werd gezien, onderging de term *appeasement* een transformatie: hij verloor zijn positieve betekenis van het brengen van rust en vrede en betekende vanaf toen het toegeven aan de eisen van een tiran enkel omdat hij een tiran is. Een *appeaser* werd als term synoniem aan een 'persoon met waanideeën' – iemand die een krokodil te eten geeft in de hoop dat deze hem als laatste zal opeten (een aan Churchill toegeschreven uitspraak).

Is het Verdrag van München eigenlijk wel een duidelijk geval van een rot compromis? Was het Verdrag van München de uitkomst van een compromis? Een eerste poging om deze twee vragen te beantwoorden zal ons een handvat aanreiken voor de algemene thematiek van dit boek: het onderscheid tussen een compromis en een rot compromis, een compromis dat onder geen beding mag worden aanvaard.

Een akkoord is een compromis wanneer de partijen bij het akkoord elkaar wederzijds concessies doen. Eén van de kritiekpunten op het Verdrag van München is dat Hitler zelf geen concessies deed, afgezien misschien van vage beloften om af te zien van verdere territoriale eisen aan Europa. Een ander punt van kritiek is dat het akkoord onder dwang van Duitsland tot stand kwam, en dwang is geen compromis.

Churchill, die later op handen zou worden gedragen, ging tegen het verdrag tekeer door deze twee kritiekpunten naar voren te brengen. In zijn rede tot het Lagerhuis (5 oktober 1938) gebruikte hij de volgende analogie: 'Onder bedreiging van een pistool werd één pond geëist. Toen dat werd gegeven, werd er onder bedreiging van een pistool twee pond geëist. Uiteindelijk nam de dictator genoegen met één pond, zeventien shilling en zes pence, en de rest in beloften van toekomstige inschikkelijkheid.'[1] Naar mijn mening wijst het spreekwoordelijke 'onder bedreiging van een pistool' eerder op dwang dan op een compromis; het afzwakken van de eis van twee pond naar één pond, zeventien shilling en zes pence geeft aan dat Hitlers onbetekenende concessie helemaal geen concessie was. Zoals Churchill het interpreteerde was het Verdrag van München daarom geen compromis maar een totale overgave. Hitler intimideerde Chamberlain en Chamberlain capituleerde.

Ongetwijfeld speelde dwang een rol in het Verdrag van München. Maar die dwang werd uitgeoefend op Tsjechoslowakije – een slachtoffer van het akkoord, geen partij ervan. Wat Groot-Brittannië en Frankrijk betreft, is het nauwkeuriger om te zeggen dat ze tot een compromis kwamen ten koste van Tsjechoslowakije, dan dat ze bezweken voor de dreiging van directe dwang.[2]

De relatie tussen compromis en dwang is, zoals we nog zullen zien, tamelijk gecompliceerd. Maar één ding is duidelijk: hoe dichter iets bij een compromis in de buurt komt, des te verder staat het af van dwang. Toch is het conceptueel mogelijk dat een akkoord een duidelijk rot compromis is en toch geen duidelijk compromis, zoals ook een duidelijk afvallige katholiek geen duidelijk geval van een katholiek is. Niettemin is een rot compromis een compromis, in tegenstelling tot een rotte steen die uit poeder bestaat en niet van steen is.[3]

De vraag of het Verdrag van München al dan niet een compromis is, hangt samen met, al is dit niet bepalend, de vraag of er bij het Verdrag van München dwang uitgeoefend werd op Groot-Brittannië of Frankrijk. Als er geen dreiging is, bestaat er geen dwang. Om zoiets als dwang te kunnen beoordelen, moeten we volgens mij het subjectieve gezichtspunt innemen van degene die zogenaamd bedreigd wordt. Het betrekken van het subjectieve gezichtspunt wordt gerechtvaardigd door het feit dat het bij dwang, in tegenstelling tot bij een verplichting, draait om het overbrengen van een dreiging. Het slachtoffer moet de daad van bedreiging interpreteren als een dwingend effect, daarbij is het cruciaal hoe het beoogde slachtoffer de situatie interpreteert.

Wat Groot-Brittannië betreft hadden de ondertekenaars van het Verdrag van München niet het gevoel dat ze bezweken voor een dwingend dreigement, maar dat het ging om een echt compromis. Voor zover ik weet beweerde Chamberlain op geen enkel moment dat hij gedwongen was geweest om het verdrag te tekenen, en er is geen reden om aan te nemen dat hij daarin te kwader trouw was. Het Verdrag van München is, volgens de subjectieve test, een compromis. Maar is het ook een rot compromis?

Het Verdrag van München is een rot compromis, niet hoofdzakelijk vanwege de inhoud ervan, maar omdat het werd ondertekend door Hitler. Stel dat in plaats van de vreselijke Hitler de waardige Walther Rathenau eisen had gesteld aan Sudetenland. Stel dat hij met deze eisen was gekomen namens de Weimarrepubliek, ten behoeve van het recht van de Sudeten-Duitsers op zelfbeschikking, aanvoerend dat Tsjechoslowakije, zijn naam getrouw, alleen maar voor twee volkeren was bestemd – zeven miljoen Tsjechen en twee miljoen Slowaken –, en dat daarbij volledig voorbijgegaan was aan de gedwongen opname van drie miljoen Sudeten-Duitsers in Tsjechoslowakije. Zelfs als we vinden dat deze redenering niet helemaal opgaat – want het betekent onder meer dat Tsjechoslowakije zijn natuurlijke en kunstmatige verdedigingslinies tegen Duitsland moest opgeven –, blijft het nog steeds een moreel argument dat volstrekt niet rot is.

Dus als de inhoud van het verdrag niet schandelijk rot is, wat dan wel? Het motief om te tekenen maakt het ook niet rot. Er was niets schandelijks aan Chamberlains hunkeren naar vrede als een motief om het verdrag te tekenen. Zelfs Churchill, die geen grote Chamberlain-fan was, erkende zijn integriteit: 'Niemand is een energieker en standvastiger strijder voor vrede geweest dan de minister-president.'[4] Dus de zuiverheid van Chamberlains drijfveer om vrede na te streven, heeft nooit ter discussie gestaan.

Het verdrag kan niet rot zijn alleen omdat het gebaseerd was op een politieke beoordelingsfout – waardoor Groot-Brittannië vertrouwen stelde in een stelselmatige verrader –, want dat is een empirische blunder, geen morele zonde. Wat is er dan wel rot aan München? Mijn antwoord daarop is dat degene met wie het werd getekend, en niet wat er werd getekend, het tot een rot akkoord maakt. Een pact met Hitler was een pact met het radicale kwaad, net zo kwaad als een aanslag op de moraal zelf. Dat men niet erkende dat Hitler radicaal slecht was, was een morele misser die bovenop een ernstige politieke beoordelingsfout kwam.

Zeker, in 1938 was Hitler nog niet de Hitler van de oorlogsjaren. Maar waar het nazisme voor stond, had al in de jaren dertig duidelijk moeten zijn: het stond voor het radicale kwaad. Daarmee bedoel ik niet alleen het bedrijven van kwaad, maar ook de poging om het idee van een moraal als zodanig uit te roeien – door actief de premisse waarop de moraal berust, namelijk onze gedeelde menselijkheid, af te wijzen. Het virulente, allesomvattende nazi-racisme was een algehele poging om het besef van een gedeelde menselijkheid uit te wissen. Een compromis sluiten met Hitler was dus het sluiten van een compromis met iemand die de moraal als zodanig ondermijnde. Het was terecht, moreel terecht, dat de geallieerden Duitsland de totale oorlog verklaarden, en dat ze elke poging om het met nazi-Duitsland op een akkoordje te gooien als fundamenteel rot aanduidden.

Niet elke overeenkomst met het Hitlerregime is echter per definitie rot. Als de geallieerden bijvoorbeeld het aanbod van Adolf Eichmann namens de hoogste autoriteiten van de ss hadden aanvaard, om de levens van een miljoen Hongaarse Joden te ruilen voor de levering aan nazi-Duitsland van tienduizend vrachtwagens voor civiel gebruik, dan zou ik dit aanvaarden door de geallieerden niet als verderfelijk beschouwen. Een dergelijke deal zou mensen vernedering en dood onder het Hitler-regime hebben bespaard. (Ik kom in hoofdstuk 4 terug op deze 'Bloed voor vrachtwagens'-deal.)

Waar het mij om gaat

Ik begon met het voorbeeld van München om de weg te effenen voor mijn twee thema's: het compromis en de vrede. Er dient een moreel onderscheid te worden gemaakt tussen een compromis en een rot compromis – een compromis dat je onder alle omstandigheden zou moeten vermijden. Ik denk dat dit een passend onderscheid is. Het zou ons moeten helpen om de relatie tussen vrede en rechtvaardigheid te ontwarren.

Zoals ik vermeldde in de inleiding toen ik mijn belangstelling voor een gerechtvaardigde vrede aangaf, ben ik primair en vooral geïnteresseerd in het politieke compromis: meer in het compromis tussen groepen en staten dan dat tussen individuen. Rotte persoonlijke compromissen, 'pacten met de duivel', houden me hier alleen bezig als ze betrekking hebben op personen die voor een collectief onderhandelen – bijvoorbeeld Neville Chamberlain in München, of de 'grote compromissensluiter' Roger Sherman uit Connecticut, eerder dan dr. Faustus in zijn persoonlijke pact met de duivel. In mijn gerechtshof van de geschiedenis zullen individuen wel een hoofdrol spelen. Ik zal individuen naar voren halen die compromissen sluiten die henzelf sterk weerspiegelen, maar in alle gevallen zal het behandelde compromis een politiek compromis zijn, namens een collectief.

In wat volgt maak ik af en toe gebruik van voorbeelden van persoonlijke pacten, maar ik zet ze dan in als nuttige analogieën voor politieke pacten, en niet als een thema dat op zichzelf staat.

Twee visies

Het idee van een politiek compromis zit klem tussen twee visies op politiek: de politiek als economie en de politiek als religie. Ruwweg gesproken is in de economische visie op de politiek alles onderworpen aan compromis. Het compromis is niet altijd wenselijk of verstandig, maar is wel altijd mogelijk. In de religieuze visie zijn er daarentegen zaken waarover we nooit een compromis mogen sluiten.

De religieuze visie is in de greep van het idee van het heilige. Over het heilige valt niet te onderhandelen, laat staan dat het vatbaar is voor een compromis. Bot gezegd: over het heilige valt geen compromis te sluiten zonder het heilige te compromitteren. Omgekeerd, in de economische visie op de politiek staat het compromis centraal in de politiek, en het vermogen om tot compromissen te komen wordt hogelijk geprezen. Dat de politiek de kunst van het compromis is, is een afgezaagd cliché. Het economische leven is gebaseerd op het idee van substitutie: het ene artikel kan vervangen worden door een ander, en dit maakt ruilingen mogelijk op de markt. Ruilingen laten ruimte voor onderhandeling, en daar waar er ruimte voor onderhandeling is, is ruimte voor een compromis. Het compromis staat in intrinsieke verhouding tot wat kan worden geruild en gedeeld.

Als economische producten dienstdoen als model voor de politiek, dan lijkt het alsof een compromis altijd mogelijk is. Dat gaat niet op voor de religie. Toch sluiten religies, waarmee ik bedoel religieuze instellingen en religieuze staten, voortdurend politieke compromissen: onveranderlijk ontwikkelen ze uitvoerige rechtvaardigingen en technieken om hun compromissen uit te voeren. De politiek van het heilige laat heel veel ruimte voor compromis ten aanzien van wereldse zaken. In de praktijk worden er misschien zelfs compromissen ten aanzien van heilige zaken gesloten, maar de logica van het toonbeeld van heiligheid is de ontkenning van het idee van het compromis.

De moderne politiek is gevangen in deze onverenigbare visies. Er is natuurlijk niets verrassends aan het feit dat seculiere moderne staten vatbaar zijn voor de economische visie. Niettemin zijn, verrassend genoeg, moderne seculiere staten nog steeds in de ban van de religieuze visie. Zo verklaart bijvoorbeeld de Franse grondwet (1958) dat Frankrijk seculier is, maar niet nadat Frankrijk 'ondeelbaar' is verklaard.[5] Hetzelfde gaat op voor de uitdrukking 'ondeelbare natie' in de Amerikaanse belofte van trouw. In beide gevallen is de keuze van de uitdrukking 'ondeelbaar' geen toeval. Deze heeft sterke religieuze fundamenten – het is een van Gods eigenschappen die het beeld van een ondeelbaar Frankrijk en een ondeelbare Verenigde Staten bezielt als volmaakte eenheden zonder echte onderdelen. Dus geen enkele aanspraak op afscheiding is juridisch aanvaardbaar omdat deze twee eenheden geen echte onderdelen kennen. Een compromis sluiten over de Unie komt neer op verraad aan de Unie, net zoals de afgodendienaar de eenheid van God verraadt.

De religieuze visie vervult de politiek met het idee dat de politiek een terrein van menselijke activiteit is dat bedoeld is om een manier van leven te beschermen en zin te geven aan het menselijk leven. Zij is het tegendeel van de economische visie, die zich bezighoudt met het bevredigen van verlangens en belangen, en niet met betekenissen.

De twee visies – het religieuze en het economische – laten twee verschillende pakketten drijfveren zien die het politieke kunnen verklaren. De economische visie, ook al is ze niet strikt hedonistisch, verklaart het menselijk gedrag niettemin in termen van een bevrediging van voorkeuren, terwijl de religieuze visie de bereidheid tot zelfopoffering ter sprake brengt. Een cruciale vergissing in het politieke denken bestaat uit het negeren van de werking van een van beide visies, vanuit de overtuiging dat de politiek maar door een van deze visies wordt gedragen.

Niet alleen de politiek is in de greep van deze twee visies, de religieuze en de economische, dit gaat ook op voor de moraal zelf. De utilitaire moraal is duidelijk afhankelijk van de economische visie. De daarmee concurrerende kantiaanse moraal, die absolute morele geboden propageert, ongeacht hun gevolgen, is gevormd naar het beeld van de absolute religieuze geboden. Onze ambivalentie bij de beoordeling van het compromis wordt veroorzaakt doordat wij in de greep verkeren van twee onnauwkeurige, krachtige en met elkaar onverenigbare visies op zowel politiek als moraal.

De economie houdt zich hoofdzakelijk bezig met de verdeling van schaarse middelen. Ik zeg met opzet 'hoofdzakelijk', omdat de economie zich ook zou moeten bezighouden met de werkloosheid wanneer arbeid niet schaars is (dit is in zekere zin Keynes' correctie op de opvatting dat de economie de wetenschap van schaarse middelen is en uitsluitend van schaarse middelen). Er zijn twee stadia in het toewijzen van schaarse middelen: productie en ruil. De productie transformeert het basisproduct, terwijl de ruil de zeggenschap erover overdraagt. Bij een ruil gaat het erom dat verschillende betrokkenen verschillende zaken, in termen van andere dingen, verschillend waarderen: voor mij is één avocado twee appels waard, terwijl die jou vier appels waard is. Zo kunnen we er beiden beter van worden door dingen waar ik minder waarde aan hecht te ruilen voor dingen waar jij meer waarde aan hecht. Als ik jou mijn avocado geef voor drie appels, word ik er één appel beter van en wordt jij er één appel beter van. Dit alles is te banaal om helemaal uit de doeken te doen. Geenszins banaal natuurlijk zijn de manieren waarop dingen zo zouden worden toegewezen dat niemand in staat zou zijn door verdere ruil de toestand nog te verbeteren. De econoom houdt zich bezig met het bereiken van een optimale toewijzing.

Een hele reeks denkbeelden en opstellingen die ik in verband breng met de religieuze visie op de politiek verbiedt echter verschillende soorten economische ruilingen. Mij gaat het om gevallen waarin de ruil als zodanig taboe is, omdat er iets vernederends, zo niet onterends schuilt in de stilzwijgende vergelijking van de dingen die voor ruil in aanmerking komen. Om wat heilig is te ruilen voor geld is, in de religieuze visie, de alleronterendste ruil.

Geld, als algemeen ruilmiddel, is de 'laagste' gemeenschappelijke noemer van alle dingen. Het verkopen voor geld onteert het heilige dus meer dan elke andere ruil. Het gaat erom dat bij elke ruil een nadrukkelijke vergelijking plaatsvindt tussen de artikelen die worden geruild – wat het ene ding waard is in termen van iets anders. Als algemeen ruilmiddel claimt geld dat alles met alles kan worden vergeleken.

Tussen *onvergelijkelijk* en *onvergelijkbaar*[6] zou een onderscheid moeten worden aangebracht. Twee zaken zijn onvergelijkbaar als ze in kwantitatieve termen niet te vergelijken zijn (als we bijvoorbeeld de hoogtes vergelijken). Twee dingen zijn onvergelijkelijk als er geen kwalitatieve termen zijn om ze te vergelijken. Onvergelijkelijk is een uiting van hoge lof. De god van de monotheïstische religies maakt aanspraak op deze status van volstrekte onvergelijkelijkheid. Dingen die aan de godheid worden opgedragen (bijvoorbeeld heilige dingen) maken impliciet aanspraak op net zo'n onvergelijkelijke status.

Door het marktmodel uit te breiden naar alle levensterreinen wordt alles met alles vergelijkbaar, en dit leidt dus tot potentieel beledigende vergelijkingen. De aanhangers van de economische visie zouden kunnen zeggen dat het inderdaad dit kenmerk van geld is – als de grote nivelleerder op de markt – dat door de critici van de markteconomie, die stellen dat de markt ongelijkheid creëert, helaas niet wordt opgemerkt.

De beroemde fictieve woordenwisseling –

Scott Fitzgerald: De rijken zijn anders dan jij en ik.
Ernest Hemingway: Ja, ze hebben meer geld.[7]

– is niettemin een veelzeggende anekdote.

Geld is een grote nivelleerder omdat het vele verschillen en onderscheidingen reduceert tot één meetbare dimensie. Het maakt minder privileges mogelijk die gebaseerd zijn op kwalitatieve verschillen en die niet te koop zijn. In haar hoogtijdagen was een aristocratie een dergelijk gezelschap, totdat adellijke titels voor de opkomende rijken te koop kwamen. Het is hoofdzakelijk de snob, betoogt de man van de markt, die de opvatting verkondigt dat geld, als de grote nivelleerder, door het onvergelijkbare met elkaar te vergelijken vulgair gedrag en een verlies van het besef van waarde kweekt.

Oscar Wildes hilarische dialoog in *Lady Windermere's Fan* raakt met de overdrijving van een karikaturist aan de grote scheidslijn tussen de twee visies: de economische en de religieuze, of in Wildes woorden: tussen de cynicus en de gevoelsmens.

Lord Darlington: Wat zijn jullie toch cynisch!
Cecil Graham: Wat is een cynicus?
Lord Darlington: Iemand die van alles de prijs kent en de waarde van niets.
Cecil Graham: En een gevoelsmens, mijn beste Darlington, is iemand die in alles een absurd hoge waarde ziet, en van geen enkel ding de marktprijs kent.[8]

Waar het in de hele discussie over verboden ruilingen om gaat, is dat het ontwarren van het verschil tussen compromissen en rotte compromissen onderdeel uitmaakt van een groter plan om bepaalde ruilingen taboe te verklaren. De psychologie van ruilingen die taboe zijn, wordt deskundig behandeld door Alan Fiske en Philip Tetlock.[9] Zij proberen de omstandigheden aan te geven waaronder we ruilingen waarschijnlijk als een taboe zullen presenteren.

Volgens mij is de religieuze visie in het algemeen, en de religieuze visie op de politiek in het bijzonder, de bron van ons besef van verboden ruilingen. De economische visie daarentegen laat de teugels van de religieuze visie die ruilingen taboe maakt wat vieren. De claim dat er op handel met wat men voor heilig houdt een taboe rust, zit vol dubbelzinnigheid: het ding dat taboe wordt verklaard hoeft niet het ding te zijn dat heilig is; het zou zelfs iets kunnen zijn wat wordt verafschuwd. Wanneer joden en moslims varkensvlees taboe verklaren, beschouwen zij het varken nog niet als heilig; wat ze voor heilig houden is de wil van God die tot uiting komt in het verbod op het eten van varkensvlees. Het varken taboe maken betekent dat het niet-eten van varkensvlees al het andere blokkeert. Wie de regels in acht neemt, mag in ruil voor de grootste hoeveelheid van al het andere nog niet eens een klein stukje varkensvlees eten. Het helpt niet om tegen degene die zich aan de regels houdt te zeggen dat als hij een klein stukje varkensvlees zou eten hij alle chocola kan krijgen die hij maar wil. Hij behoort dit aanbod af te slaan. Hij zou het kleine stukje varkensvlees zelfs voor alle schatten van de wereld moeten afslaan.

Over geen varkensvlees eten valt niet te marchanderen, of bijna niet. (In het jodendom mag je varkensvlees eten om het vege lijf te redden. Je onthouden van het eten van varkensvlees vormt geen blokkade om het vege lijf te mogen redden.) Wat ik echter wil zeggen is dat het taboe de logica vertoont van een geblokkeerde relatie. Zelfs het kleinste stukje van A mag niet worden geruild voor de grootste hoeveelheid van B.[10] We kunnen een onderscheid maken tussen relatieve en volstrekte taboes. A is een relatief taboe met betrekking tot een specifieke vorm van B als A B blokkeert (het is niet toegestaan om een klein stukje A te ruilen voor een groot stuk B). Een absoluut taboe is een taboe dat in deze relatie tegenover al het andere staat.

Nu we zicht hebben op het kader van het thema ruilen met een taboe, zal ik, lettend op veranderingen door de tijd, de mentaliteit van de twee visies meer in detail naast elkaar leggen.

Wat mag er met geld niet gekocht worden?

Er is het beroemde voorbeeld uit *The Merchant of Venice*: Antonio krijgt een lening van Shylock, drieduizend dukaten voor drie maanden; mocht hij die niet terugbetalen, dan geeft dit Shylock het recht om een pond vlees van zijn lichaam af te snijden, aan hem de keuze van het lichaamsdeel. Vlees voor geld is taboe. In Shakespeares stuk vindt Antonio, die in het verleden Shylock heeft vernederd (en in het openbaar zijn 'Joodse kaftan' heeft bespuugd), Shylocks aanbod verrassend genoeg royaal, omdat Shylock hem voor de lening geen rente rekent. ('Ik zal ervoor tekenen. En ik zal erbij zeggen dat er bij een Jood veel vriendelijkheid is.'[11]) Voor Antonio is woeker, geld betalen voor geld, een gruwel, maar blijkbaar geldt dit niet het verpanden van vlees voor geld. Wij zijn echter erg geschokt door de transactie. Vlees kan voor geld worden geruild, maar niet je eigen lichaam. Het vlees van je lichaam mag, net als andere organen, voor een goed doel worden gedoneerd, maar niet worden verkocht. Ik voeg er snel aan toe dat wij niet allemaal die mening delen: libertair ingestelde mensen zien niets slechts in de verkoop van menselijke organen. Wij zijn de bezitters van onze lichamen, en het is aan ons om te beslissen wat we met de delen ervan doen.

De libertair is geen cynicus, maar zozeer door de economische visie beïnvloed dat elke transactie tussen volwassen mensen is toegestaan. Zo dadelijk zullen we de libertair nogmaals tegenkomen.

Voor de katholiek Antonio is woeker een economisch taboe; het rekenen van rente op leningen wordt tegenwoordig gezien als een kerntransactie binnen de markteconomie. Wat taboe is, is dus afhankelijk van veranderingen door de tijd. Ik zal een poging doen het taboe op woeker uit te leggen. Ik garandeer daarbij niet dat mijn uitleg ook klopt, maar zal wel aangeven wat voor soort verklaring nodig is.

In een markteconomie kan het niet terug kunnen betalen van een lening in het ergste geval wettelijk leiden tot faillissement. In de economie van de Bijbel of van de Koran zou het niet in staat zijn een lening terug te betalen daarentegen mogelijk neer kunnen komen op slavendienst. Alleen al het verzoek om een lening betekende dat je niet door je eigen familie kon worden geholpen, en was een teken van je beroerde positie als arme en van je omringd zijn door verarmde vrienden en verwanten. Het verergeren van de situatie van de schuldenaar door rente te vragen, werd gezien als het in slavernij voeren van die schuldenaar. Als dit de oorsprong van het taboe op het rekenen van een vergoeding voor het gebruik van geld correct weergeeft, dan wordt duidelijk waarom de Koran woeker als een pact met de duivel beschouwde: 'Degenen die woeker rekenen bevinden zich in dezelfde positie als degenen die onder invloed van de duivel staan.' (Al-Baqarah 2:275) Een lening zou een barmhartige daad moeten zijn, een geschenk, en geen economische ruil. Een barmhartige gift zou alleen intrinsieke waarde moeten hebben en niet gekocht mogen worden voor geld, omdat geld de belichaming is van datgene wat alleen ruilwaarde heeft.

Een religieuze zegen is een schoolvoorbeeld van een barmhartige gift, en een barmhartige gift is niet te koop. Neem het volgende voorbeeld uit Handelingen 8:

8:18. En toen Simon zag dat, door de handoplegging van de apostelen, de Heilige Geest werd gegeven, bood hij hun geld aan,

8:19. Zeggende: Geef mij ook deze macht, opdat als ik iemand de handen opleg, hij de Heilige Geest ontvange. Maar Petrus zei tegen hem:

8:20. Houdt uw geld bij uzelf, zodat het met u ten onder gaat: omdat u gemeend hebt dat de gave Gods voor geld kan worden verworven.

Simonie, het vergrijp om een kerkelijk ambt te kopen, wordt zelfs genoemd naar Simon de Tovenaar, die geld bood in ruil voor de macht om zegeningen te geven. Simonie en de misstand van de aflaat (kwijtschelding van straf hier op aarde in ruil voor geld) werden de symbolen van religieuze corruptie. ('Als het geldstuk in het kistje klinkt, uw zieltje in de hemel springt.') Het misbruik van dit soort wereldse transacties, die wat intrinsieke waarde had verlaagde door het te veranderen in een ruilwaarde, vormde Luthers grote grief.

Dit alles is pure religie, maar ik heb ook een dramatisch politiek voorbeeld van een verhit publiek debat over het thema van een door de religieuze visie op de politiek gevormd taboe op ruil. De transactie bestond uit de herinnering aan bloed voor geld. Op 10 september 1952 tekenden Israël en West-Duitsland een verdrag, het Herstelbetalingenakkoord, waarbij Duitsland Israël moest betalen voor hun vervolging van de Joden tijdens de holocaust.

Voor en na de ondertekening van het akkoord was er niets dat de Joden in Israël meer verdeeld hield dan het Herstelbetalingenakkoord. Het was pas zeven jaar na de vernietiging van het Europese Jodendom, en de nachtmerrieachtige herinnering aan de oorlog was nog pijnlijk vers. De grote voorstander van het akkoord was David Ben-Gurion; de tegenstand kwam van zowel politiek links als rechts. Een van de argumenten voor het akkoord was vervat in een Bijbelse gezegde: 'Hebt u gemoord en ook in bezit genomen?' De oorsprong van dit gezegde is de geschiedenis van Naboth de Israëliet (1 Koningen 21), die weigerde om zijn wijngaard te verkopen aan Achab en werd vermoord in een door Izebel, Achabs kwaadaardige vrouw, beraamd complot, wat ertoe leidde dat haar man de wijngaard in bezit kon nemen. De profeet Elia vermaande Achab vervolgens met de woorden van God: 'Hebt u gemoord en ook in bezit genomen?' De analogie kwam erop neer dat nazi-Duitsland niet alleen de Joden had vermoord, maar dat hun ook niet mocht worden toegestaan de gestolen Joodse eigendommen te bezitten zonder voor compensatie te zorgen. Om die reden bestaat de ruil uit compensatie voor deze toe-eigening en voor het kwaad dat de Joodse dwangarbeiders in de nazi-machine is aangedaan, en niet uit vergeving voor de moord op zes miljoen Joden. Het ging erom dat het taboe op ruil niet werd geschonden. De rechtse oppositie, geleid door Menachem Begin, kwam met de leuze: 'Onze eer mag niet voor geld te koop zijn. Ons bloed mag niet door goederen worden verzoend. We zullen deze schande uitwissen.'[12] De herinnering aan de vermoorden voor geld verkopen: zo schilderde de oppositie het Herstelbetalingenakkoord af.

De libertaire en de cynische visie op wat rot is

In de libertaire visie is elke overeenkomst en elke transactie tussen meerderjarigen die niet de rechten van derden schendt nooit moreel rot. Het compromis, als een duidelijk voorbeeld van een overeenkomst tussen meerderjarigen, is nooit rot zolang het de rechten van derden ongemoeid laat. Volwassen mensen mogen instemmen met incestueuze relaties, met het kopen en verkopen van menselijke organen, met polygamie en bondage, met het kopen en verkopen van seks, drugs en wat niet al – geen van dit alles is op zich moreel bedenkelijk, zolang de rechten van derden maar niet worden geschonden. De libertairen geven toe dat sommige mensen, misschien de meeste mensen, een deel of het meeste van de hierboven genoemde dingen weerzinwekkend vinden, maar esthetische afschuw dient niet verward te worden met moreel gewetensbezwaar. De libertair, die een puur individualisme bepleit, is hoofdzakelijk eerder geïnteresseerd in individuele transacties dan in collectieve overeenkomsten. Maar ik vermoed dat hetzelfde idee ook collectief voor hen geldt, en overeenstemming en elk compromis tussen toestemmende collectieven aanvaardbaar zijn zolang ze niet ten koste gaan van derden – van individuen of van een collectief. De libertair zoekt bij de economische visie niet de grenzen op; hij veroordeelt overeenkomsten die de rechten van derden tegen hun wil met voeten treden. Een rot compromis kan zich, in de visie van de libertair, alleen voordoen bij een overeenkomst die ten koste van de rechten van derden wordt uitgevoerd. En net als bij volwassen mensen, is tussen collectieven die dat willen alles toegestaan en bestaan er geen taboes op ruil.

Wat iemand met zijn toestemming wordt aangedaan, is geen onrecht, aldus de Latijnse spreuk (*Volenti non fit injuria*), inclusief de toeschouwers. Dit geldt voor een in een gevecht zwaar verwonde bokser, die er nadrukkelijk mee had ingestemd om pijn toe te brengen en te ondergaan; het geldt ook voor een toeschouwer van een baseballwedstrijd die niet kan klagen als hij op de tribune door een bal wordt geraakt: de toeschouwer is, binnen redelijke grenzen, een toeschouwer die zijn toestemming heeft gegeven.

Voor de cynicus die in Wildes definitie past, bestaan er geen rotte compromissen, alleen maar goede en slechte deals. De taal van rechten, die domineert in het vocabulaire van de libertair, komt niet voor in dat van de cynicus. Er zijn veel cynici in de praktijk, maar slechts weinigen uit ideologie, zo ze er al zijn. Er zijn weinig ideologische libertairen, en zelfs nog minder in de praktijk.

Voor ons thema zou de libertair twee vragen moeten behandelen. Zou hij een pact van volwassen mensen aanvaarden dat meester-slaaf-relaties tussen hen instelt? En zou de libertair een pact aanvaarden tussen een daarmee instemmende Markies de Sade en Leopold von Sacher-Masoch, dat een regime van systematische vernedering en wreedheid tussen hen instelde? Om kort te gaan: zijn voor de libertair slavernij en een sadomasochistisch vrijwillig pact moreel aanvaardbaar?

De libertair zegt misschien, wat zonderling maar ook veelzeggend, dat hij een slavernijpact aanvaardt zelfs al beschouwt hij dit als volstrekt verdorven, omdat de hoogste waarde in het menselijk leven de vrijheid behoort te zijn. Maar de libertair voegt misschien nog toe dat zelfs een niet-libertaire tekst als de Hebreeuwse Bijbel

ruimte laat voor het goedvinden van slavernij door degene die verklaart: 'Ik houd van mijn meester.'

Het voorbeeld van een permanent, vrijwillig slavernijpact is in
onze wereld tamelijk denkbeeldig. Vrouwen die in onderdrukkende
huwelijken blijven zouden door radicale feministen echter zo omschreven kunnen worden dat ze gaan lijken op de Bijbelse Joodse
slaaf die verklaart: 'Ik houd van mijn meester', niet uit liefde voor de
meester zelf maar uit liefde voor zijn eigen vrouw en kinderen.[13]

Mogelijk schrikken ze ervoor terug om in dergelijke gevallen de
vrouwen de schuld te geven, maar ze zien een halfvrijwillig huwe-
lijksverbond wel degelijk als rot. Ze zullen betogen dat de onderdrukking van de vrouw in het huwelijk de oervorm van onderdrukking is en de basis vormt voor alle andere vormen van onderdrukking; slavernij is slechts één vorm uit het verleden van een dergelijke onderdrukking; de onderdrukking van de slavin in het Bijbelse
voorbeeld is veelzeggend. In dergelijke radicaalfeministische visies
is het gezin een politieke eenheid die de huwelijksovereenkomst
tot iets verderfelijks maakt, niet alleen tot een persoonlijk rot pact,
maar ook tot een politiek rot pact. Ik weet niet of een radicale feministe deze tamelijk vergezochte analogie ooit heeft gebruikt, maar
ik kan me voorstellen dat een radicale feministe ze niet zo verge-
zocht zou vinden.

Een libertair, die spreekt uit naam van de vrijheid als de hoogste
waarde in het menselijk leven, verkeert naar mijn mening in een
dilemma. Hij kan door de zure appel heen bijten en zeggen dat als
iemand uit vrije wil zijn toestemming geeft aan een slavernijpact,
men dit moet aanvaarden, zelfs als slavernij de ontkenning van de
hoogste waarde is. Of hij zal zeggen dat, omdat zijn morele stelsel
gebaseerd is op de vrije toestemming van volwassen mensen, slavernij die van vrije toestemming afstand doet dus ook afstand doet
van de basis waarop het libertaire stelsel is opgericht. Dus voor het
in stand houden van een stelsel dat gebaseerd is op de toestemming
van volwassen mensen, mag er door volwassenen geen toestemming worden gegeven aan het opgeven van de toestemming door
volwassenen, hetgeen slavernij is.

De psychologie van de sadomasochistische praktijk valt moeilijk te begrijpen, en de fenomenologie ervan lastig uit te leggen. Naar mijn mening is de vraag of een vrijwillig sadomasochistisch pact als een rot compromis moet worden bestempeld er niet van afhankelijk of het vrijwillig is, maar wel of het een stelselmatige praktijk van wreedheid en vernedering tussen de partijen van het pact in het leven roept. De zichtbare kenmerken van de praktijk wijzen daarop – stelselmatig toebrengen van hevige pijn vergezeld van zichtbare tekenen van vernedering. Toch bestaat onmiskenbaar het gevoel dat een sm-pact, een pact van een beperkte tijdsduur, in feite een schertsvertoning is. Door het element van een schertsvertoning verandert de sadomasochistische deal inderdaad in een compromis.

De toegebrachte pijn is heel reëel; deze is echter geen uiting van wreedheid maar eerder een hevige, zij het perverse, erotische prikkeling. De tekenen van vernedering zijn op hun beurt meer een parodie dan een uiting van wreedheid. De relaties van overheersing en onderwerping die tijdens zulke ontmoetingen worden geuit, worden in laatste instantie gestuurd door degene die onderdanig is en vernederd wordt. Die persoon kan ze op elk moment beëindigen. En daaruit bestaat het compromis.

Kortom, hoe walgelijk deze praktijken voor de meesten van ons ook mogen lijken, ze komen niet neer op een regime van wreedheid en vernedering, en hun zin (als dat het woord is) wordt vertekend als ze als zodanig worden opgevat. De vraag is dus: hoe serieus is de sadomasochistische praktijk? De ernst ervan wordt hier niet afgemeten aan de pijn. De zin van de pijn, dat maakt het tot iets serieus. De vraag is dus: is de sadomasochistische praktijk een uiting van een wrede vernedering, of is het een nepuiting van wrede vernedering, ten behoeve van erotische bevrediging?

De libertair laat deze vraag onverschillig. Hij maakt voor zichzelf de balans op en concludeert dat als het gaat om een praktijk tussen volwassenen deze niet rot is. Zelf vind ik, als de praktijk inderdaad een manifestatie van wreedheid en vernedering is, deze rot is zelfs als volwassen mensen ermee instemmen, hetzij in persoonlijke relaties, hetzij in collectieve verbanden.

De economische visie op de politiek krijgt een kader in twee zeer algemene observaties: de ene afkomstig van Hume en de andere van Adam Smith.

Humes observatie begint met iets wat ons te denken moet geven. Kijk naar de natuur en zie hoe het leeuwen vergaat vergeleken met mensen. Leeuwen hebben lichamen die indrukwekkend goed aan hun bestaan zijn aangepast – ze zijn majesteitelijk sterk en opvallend lenig – terwijl wij, naakte apen die mensen worden genoemd, er gewoon erbarmelijk uitzien. Toch zijn in het koninkrijk der dieren mensen en niet leeuwen koning.[14]

Wat verklaart dit schitterende succes van de mens? Humes antwoord luidt dat mensen, in tegenstelling tot leeuwen, geweldig goed in staat zijn om op vele gevarieerde en flexibele manieren samen te werken. De samenwerking onder leeuwen blijft, in tegenstelling tot die onder mensen, strikt beperkt tot enkele taken. In de woorden van Hume is menselijke samenwerking kunstmatig, gebaseerd op neigingen die gevoelig zijn voor sociale conventies, en niet op vaste aangeboren neigingen die Hume natuurlijk noemt. De kunstmatige neiging tot samenwerking, die van samenleving tot samenleving kan variëren, vraagt om vertrouwen. Vertrouwen is belichaamd in de instelling van de belofte, die op haar beurt het cement van het maatschappelijk leven is. Het compromis, dat etymologisch is afgeleid van *co-promise* ofwel wederzijdse belofte, is samenwerking gebaseerd op wederzijdse beloften.

Smith' observatie gaat als volgt: mensen strijden om goederen die uit schaarse grondstoffen zijn geproduceerd. Competitie betekent dat de bij de schaarse goederen betrokkenen niet allemaal volledig aan hun trekken komen. Schaarste is een noodzakelijke voorwaarde voor competitie. Dingen die schaars zijn maar niet begeerlijk zijn niet onderhevig aan competitie. We begeren diamanten, of in ieder geval sommigen onder ons. As begeren we niet. Bij het ontbreken van een begeerte naar as zal, zelfs in een wereld waarin er maar weinig van is, as tot as vergaan – het is niet zoals diamanten onderworpen aan competitie. As is dan wel zeldzaam, maar niet schaars.

Zeldzaamheid is een natuurlijk gegeven; schaarste is een sociaal gegeven. Door schaarste verandert iets in een economisch of een politiek artikel – en een goed object voor competitie. Competitie is ingebouwd in het idee van economische en politieke artikelen als zodanig.

De observaties van Hume en Smith zijn verstrekkend en vaag. Zij waren niet de eersten die deze observaties deden, maar misschien wel de eersten om hun volle implicatie te begrijpen: namelijk dat het fundamentele probleem van het politieke leven van de mens is om iets te doen aan de spanning tussen samenwerking en competitie. Het compromis is een wezenlijk element in het verlichten van deze spanning.

Een zeer korte samenvatting

Een bruikbare kaart geeft niet alleen de lay-out van het land, maar vertelt je ook, met behulp van een opvallend teken, 'U staat hier.' Dus waar staan wij? We proberen greep te krijgen op twee visies op de politiek: de religieuze visie en de economische visie. De religieuze visie geeft ons sterk de indruk dat sommige dingen niet geruild mogen worden. Er bestaat een absoluut taboe op sommige transacties. Ik heb verschillende voorbeelden van dergelijke ruilingen die taboe zijn gegeven, de meeste hebben te maken met geld als een onterend ruilmiddel. Sommige zijn rechtstreeks betrokken op religieuze praktijken, en andere zijn geïnspireerd door religieuze praktijken.

Het idee van rotte compromissen als compromissen die onderworpen behoren te zijn aan absolute taboes houdt met dit beeld verband. De economische visie sanctioneert ruilingen niet in absolute termen. Volgens deze opvatting bestaan er irrationele ruilingen, maar wanneer ze worden voltrokken door verantwoordelijke volwassenen zijn al deze ruilingen toegestaan; geen ervan is absoluut taboe.

Dus waar bevinden wij ons op de kaart? Wanneer deze kaart politiek is, blijft er nog één absoluut taboe op ruilingen over. De contouren daarvan zullen in het volgende hoofdstuk worden geschetst.

HOOFDSTUK 2

Varianten op een compromis

Hier doet zich een merkwaardig raadsel voor. De notie van het compromis duikt maar heel zelden op in de meest uitvoerige beschrijving van de relatie tussen competitie en samenwerking, namelijk de speltheorie.[1] Het compromis heeft twee betekenissen: een anemische en een sanguinische. De speltheorie besteedt aandacht aan de anemische, bloedeloze betekenis, zij het niet onder de benaming 'compromis', maar niet aan de sanguinische, volwaardige betekenis. In de anemische betekenis van het compromis is elke overeenkomst waarbij onderhandeld wordt een compromis.

Abraham wil van Efron een graf kopen (Genesis 23:7-9). Laten we veronderstellen dat de begraafplaats Abraham 450 zilverlingen waard is en Efron 200 zilverlingen. Elke overeenkomst tussen de 200 en 450 zilverlingen is in beider voordeel (samenwerking). De onderhandelingsruimte ligt tussen 200 en 450 en bestaat uit een aantal *mogelijke overeenkomsten*. Als koper wil Abraham de prijs dicht bij de 200 houden, terwijl Efron als verkoper deze zo dicht mogelijk bij de 450 wil houden. Abraham staat onder grote druk: hij moet zijn geliefde vrouw Sarah snel gaan begraven. Efron kan het zich veroorloven geduldig te zijn, maar is bang dat als hij te koppig volhoudt iemand anders Abraham een beter aanbod zou kunnen doen. De Bijbel vertelt dat de deal werd gesloten voor 400 zilverlingen. De onderhandeling tussen Efron en Abraham vereist dat de twee spelers twee vergelijkingen maken. De ene betreft de mogelijke overeenkomsten tussen beiden, en de andere wat er zou gebeuren als ze het niet eens worden, *tot aan een conflict toe*.[2] Er is nog een andere impliciete vergelijking met mogelijke externe deals: wat zou Efron voor zijn stukje land kunnen krijgen van andere kopers, en wat zou Abraham voor een stukje land van andere verkopers moeten betalen?

Elke overeenkomst binnen de onderhandelingsruimte (200-450)

mogen we een compromis noemen: in deze interpretatie van compromis, de anemische betekenis, dekt de onderhandelingstheorie, als een tak van de speltheorie, deze betekenis van compromis. Ik ben geïnteresseerd in een sanguinische betekenis van compromis. Ons alledaagse, niet-systematische gebruik van de term 'compromis' past beter bij de anemische betekenis dan bij de sanguinische betekenis. Maar sommige gewone toepassingen van de term passen wel bij de anemische betekenis.

Ik heb het dan over de fenomenologie van het sanguinische compromis en vraag me af of de speltheorie dit als onderdeel van de onderhandelingslogica wel een plaats kan geven. Iets vergelijkbaars deed zich voor bij de vertrouwde fenomenologie van de competitie in de neoklassieke economische theorie: deze volmaakte mededinging werd zo volmaakt weergegeven dat alle aspecten die met mededinging samenhangen – prijsverlagingen, kostenbesparingen, het eigen product laten opvallen, het aannemen en ontslaan van personeel – helemaal wegvielen.

Er is in ons leven te veel sanguinisch compromis – ook al denken we dat er niet genoeg is – dat verklaard moet worden. Maar meer ter zake: relevanter voor de moraal is de sanguinische betekenis van het compromis. Dus herhaal ik nog eens: een anemisch compromis tussen u en mij met betrekking tot x is elke overeenkomst binnen de ruimte van wat x u waard is en wat x mij waard is. Een sanguinisch compromis met betrekking tot x is een anemisch compromis met extra kenmerken, waarvan erkenning het belangrijkste is.

Een sanguinisch compromis: erkenning

Een duidelijk geval van een sanguinisch compromis geeft nadrukkelijk aan (in plaats van dat het dit suggereert) dat het standpunt van de ander wordt erkend. Een compromis kan een uiting van een dergelijke erkenning zijn. Het verleent legitimiteit aan het standpunt van de andere partij. Bij het sanguinische compromis kan zelfs sprake zijn van een offer van de sterkere partij, als deze niet zo keihard onderhandelt als zou kunnen om het gewenste binnen te halen. Bij zo'n offer gaat het er ook om je rivaal erkenning te geven en een beeld van overheersing weg te nemen. Door de andere partij tegemoet te komen, kan een schijn van gelijkheid onder ongelijken worden gewekt. Handelen in een dergelijke geest van compromis wordt door de Talmoed handelen omwille van de vrede genoemd.

De Talmoed onderscheidt drie typen redenen onder het kopje van handelen 'omwille van de vrede', onderscheiden van handelen 'omwille van de gerechtigheid (din)':

– het compromis om vijandigheid te neutraliseren;
– het compromis om harmonie te bevorderen door frictie te verminderen;
– het compromis om je rivaal te laten weten dat je de kracht en de legitimiteit van zijn claim erkent, ook al zou je het in een proces van hem kunnen winnen.

Deze derde categorie van handelen omwille van de vrede is verbonden met het idee van erkenning als een opvallend element in een sanguinisch compromis.

In een gestileerd onderhandelingstype, dat het idee van een anemisch compromis aanhoudt, zijn de actoren ('spelers') duidelijk. Ook duidelijk zijn gewoonlijk de verschillende mogelijke overeenkomsten die ze tot stand kunnen brengen. De fenomenologie van het onderhandelen suggereert echter dat er heel veel compromis nodig is om zowel de partijen (de actoren, de spelers) te beïnvloeden als de mogelijke overeenkomsten vast te stellen.

Met de pretentieuze term 'fenomenologie' bedoel ik niets meer dan een beschrijving van de hoofdkenmerken van een compromis, die in onze praktijk besloten ligt, zelfs nog voordat we ons bewust zijn van een theorie over die compromissen.

De fenomenologie van het politieke compromis suggereert dat een cruciale vorm van compromis plaatsheeft wanneer je de andere partij als legitieme onderhandelingspartner erkent. Soms is het erkennen van de ander als legitieme onderhandelingspartij nog lastiger dan het tot stand brengen van een feitelijke overeenkomst. De erkenning als onderhandelingspartners van de gewapende Baskische separatisten (ETA) door Spanje, van het Lichtend Pad door

46

de regering van Peru, of van de Koerdische Arbeiderspartij door Turkije, is voor respectievelijk Spanje, Peru en Turkije even lastig als elke concessie die mogelijk van hen gevraagd wordt om tot een overeenkomst te komen.

Om de andere partij aan te duiden als 'een terroristische organisatie' is hetzelfde als hen te beschouwen als onrechtmatige partners – als afpersers die weerstaan moeten worden. Het verwijderen van een organisatie van een 'lijst van terroristen' en die te erkennen als onderhandelingspartij is voor de partij die legitimiteit verleent gewoonlijk een belangrijke concessie. De partij die legitimiteit verleent verwacht in ruil daarvoor een belangrijke concessie van de 'voormalige terroristische organisatie'.

Het compromis zal mogelijk dus eerder plaatsvinden *op weg naar* de onderhandelingen dan *tijdens* de onderhandelingen. Het vindt plaats wanneer de twee partijen elkaar erkennen. Het erkennen van een doodsvijand, die tot nu toe niet werd erkend, als legitieme onderhandelingspartij kan een ingrijpende rol spelen bij het menselijker maken van de vijand, en bij de erkenning dat de vijand legitieme aangelegenheden behartigt. Het vraagt om empathie – een zorgvuldige inspanning om vanuit het perspectief van de vijand te begrijpen waar het de vijand om gaat. Het vraagt om empathie en niet om sympathie (vereenzelviging met waar het de vijand om gaat).

Het betreft hier iets verstrekkends: onderhandelingen zijn bedoeld om samenwerking tot stand te brengen, de erkenning van de ander als onderhandelingspartij erkent dus dat de andere partij het waard is om mee samen te werken. Met jou samen te werken verplicht me ertoe onze beide aandelen te laten stijgen, niet alleen mijn aandeel. Uiteraard ben ik geïnteresseerd in mijn aandeel, maar samenwerking betekent dat ik mijn aandeel alleen maar kan laten stijgen door ook dat van jou te laten stijgen.[3] Als ik na een bitter conflict tot samenwerking besluit, betekent dit dat ik de strijdlust eraan geef: ik geef mijn poging op om jouw aandeel te laten dalen. Toch betekent dit niet noodzakelijk dat ik de rivaliteit met jou (de poging om het verschil tussen mijn en jouw aandeel te laten toenemen) nu opgeef. De geest van het sanguinische compromis behelst, in tegenstelling tot het simpele anemische, meer dan de inspanning tot samenwerking. Die geest is onze gezamenlijke poging om de rivaliteit te reduceren, dat wil zeggen het verschil tussen ons. Dat ik met jou een sanguinisch compromis nastreef betekent geenszins dat ik overmand ben door een geest van altruïsme, waarbij mijn enige zorg is hoe ik in jouw belang jouw aandeel kan laten stijgen. Dit kan zich voordoen wanneer ik met mijn kinderen onderhandel, maar niet met jou. Maar er kan wel een element van opoffering in een sanguinisch compromis schuilen, als ik doelbewust mijn aandeel laat dalen vergeleken met mogelijke overeenkomsten die ik had kunnen sluiten als ik dat met alle geweld had gewild. Wat ik alleen maar wil is mijn goede wil en betrokkenheid bij samenwerking in plaats van bij rivaliteit laten blijken, in de hoop dat mijn offer gewaardeerd wordt en op de lange duur beantwoord, waardoor de overeenkomst solide blijft.

We dienen twee onderhandelingsaspecten te onderscheiden. Het ene is een compromis *over het kader* van de onderhandelingen. Het andere is het compromis *tijdens* de onderhandelingen, zodra de opzet voor de onderhandelingen is overeengekomen. Een sanguinisch compromis *over het kader* van de onderhandelingen, waartoe het erkennen van de ander als legitieme onderhandelingspartner behoort, betekent dat de ander minder als een vijand en meer als een rivaal wordt behandeld. De betekenis van het sanguinische compromis *tijdens* de onderhandelingen bestaat uit het beperken van de rivaliteit. Bij een rivaal ligt de nadruk op het strijden om hetzelfde object; bij een vijand ligt de nadruk op de wens om de vijand schade toe te brengen. Onderhandelen concentreert zich op het geschilpunt, terwijl een hevig vijandig conflict erop gericht is de vijand volledig kapot te maken. Bij onderhandelen gaat het er niet om een *vijand* in een *vriend* te veranderen, maar hoe een *vijand* een *rivaal* kan worden.

In aanmerking komen voor samenwerking betekent in ieder geval een belangrijke politieke erkenning. Een stap van niet-erkenning naar erkenning kan een belangrijke concessie vormen: indien op de juiste manier beantwoord, vormt dit een sanguinisch compromis. Daarbij is de hoop dat alles wat hier gezegd wordt over de rol van erkenning bij onderhandelingen geldig blijft zolang de onderhandelingen niet onder dwang worden gevoerd. Onderhandelen met kapers, ontvoerders en afpersers is niet hetzelfde als de erkenning van de anderen als legitieme partners voor samenwerking, maar zwicht alleen maar voor dwang en bedreiging als het mindere kwaad. Maar de sterke suggestie die uitgaat van onderhandelen als vorm van erkenning, schrikt wettige regimes zelfs onder dwang ervan af om met afpersers te onderhandelen.[4]

In de kern van een echt sanguinisch politiek compromis zit een geschil dat op meer dan eng opgevatte belangen betrekking heeft. Naast belangen heeft het betrekking op principes en idealen (morele, politieke, esthetische, religieuze). Wat tijdens serieuze geschillen wordt onderhandeld is soms de eigen identiteit van de partijen in het geschil. Met 'identiteit' bedoel ik niet de reputatie in de ogen van anderen, maar het zelfbeeld. Tot een echt sanguinisch compromis behoort niet alleen de erkenning van de ander maar ook de erkenning van jezelf. In die zin werd maarschalk Pétain er in zijn proces van beschuldigd dat hij door een wapenstilstandsovereenkomst met de nazi's te sluiten de historische identiteit van Frankrijk had gecompromitteerd.

Het sanguinische compromis: een droom wordt opgegeven

In de formatie van het onderhandelingstoneel kan het bepalen van de onderhandelingspartijen en van de reeks van mogelijke overeenkomsten een belangrijk compromis met zich meebrengen, een sanguinisch compromis. Tot dusverre heb ik alleen melding gemaakt van het compromis waarbij de erkenning van de onderhandelende partijen komt kijken. Maar het bepalen van de mogelijke overeenkomst op basis waarvan een oplossing zou kunnen worden gevonden, kan belangrijke compromissen door de onderhandelingspartijen wenselijk maken, vooral in het geval van historisch geladen politieke geschillen.

Het klassieke onderhandelen is gebaseerd op de vergelijking tussen een mogelijke overeenkomst en een geschilpunt (geen overeenkomst). Door waar men het niet over eens is keert men gewoonlijk terug naar de status quo, misschien is er bovendien wel wat kwaad bloed gezet door de mislukte onderhandelingen en dat er geen overeenstemming is bereikt. In collectieve conflicten, vooral in conflicten met ideologische boventonen en emotionele ondertonen, treffen we een expliciete of impliciete vergelijking met een ander referentiepunt aan, dat losstaat van de mogelijke reeks van overeenkomsten – niet een punt van samenkomst maar een *'droompunt'*.[5]

Laat ik een voorbeeld nemen dat mij na aan het hart ligt en mij voortdurend bezighoudt: Israël en de Palestijnen. Dit schreeuwt om de twee elementen van het sanguinische compromis *in het kader* van de onderhandelingen, zelfs nog voordat er in de onderhandelingen zelf over onderhandelingen wordt gesproken. Om te beginnen was er de kwestie van erkenning, die voor een tijdje leek te zijn opgelost, maar toen terugviel in de status quo.

Voor de Palestijnen ging het om de erkenning van wat zij beschouwen als een onwettige 'zionistische eenheid' als de wettige staat Israël. Voor Israël ging het om de erkenning van de onwettige 'terroristische organisatie', de PLO en haar leider Yasser Arafat, als de wettige vertegenwoordigers van het Palestijnse volk die over hun wettige belangen konden onderhandelen.[6]

Dit gaat over het compromis met betrekking tot de onderhandelingspartijen. Maar de twee partijen zijn het er nog over oneens wat in het pakket van mogelijke overeenkomsten zou moeten worden opgenomen. De externe vergelijking waar de twee partijen zich ogenschijnlijk mee bezighouden is niet een geschilpunt – het gebrek aan overeenkomst. De externe vergelijking waar de twee partijen zich ogenschijnlijk wel mee bezighouden betreft hun respectievelijke dromen: voor onderhandelingen zijn die waardeloos, zelfs als extreme openingszet. Elke partij meet de vereiste concessie niet af aan het geschilpunt, maar eerder aan de eigen droom. Een politiek belangrijke vorm van een sanguinisch compromis is zelfs dat beide partijen hun 'dromen' opgeven, zodat wat overblijft om over te onderhandelen een scala aan mogelijke overeenkomsten is.

Op het eerste gezicht is een compromis sluiten ten aanzien van een droom geen echt compromis, omdat het niet om tastbare concessies gaat en alleen maar om een fantasie. Gewoonlijk gaan de twee partijen in een geschil verschillend met elkaars droom om. Uw droom is gewoon een droom die kansloos is om werkelijkheid te worden, dus u brengt geen offer als u die droom opgeeft. U bevrijdt u alleen maar van een illusie waardoor u de werkelijkheid beter aan kunt. Dat u uw droom opgeeft, beschouw ik niet als een serieuze concessie, terwijl ik met het opgeven van mijn droom iets opoffer wat weliswaar nu niet kan worden verwezenlijkt, maar wat, met wat uithoudingsvermogen en volharding, op de lange duur mogelijk wel kan worden bereikt. Als ik de droom echter opgeef om het lijden van mijn generatie te verlichten, moet dit worden geboekt als een grote concessie.

Deze vertrouwde dubbele maatstaf waarbij de droom van de ander letterlijk als hersenschim wordt afgedaan, en de eigen droom als een mogelijk streefpunt wordt opgevat, maakt positieve concessies over het scala aan mogelijke overeenkomsten erg lastig.

De droom speelt in het onderhandelen nog een andere belangrijke rol, omdat deze wanneer die zich concentreert op de eigen verwezenlijking dienstdoet om de identiteit van de gemeenschap vorm te geven. De droom is een essentieel element in de identiteit van een historische gemeenschap.

Een compromis sluiten ten aanzien van een droom wordt door de voorstanders in de gemeenschap van de harde lijn uitgelegd als het opgeven van de groepsidentiteit, en dus als een daad van verraad. Deze *hardliners* proberen de droom een heilige status te verlenen. Af en toe winnen de *hardliners* en wordt de droom door de gehele gemeenschap als heilig gezien en als ononderhandelbaar. Dromen mogen dan gezien worden als slechts rituele tamtam, die de eigen parochie aanspreken en niemand anders – maar elke groep vertaalt zijn dromen wel degelijk in rechten. Bij territoriale geschillen kan de rechtsaanspraak gekleed worden in termen van historische rechten op de plek – wij waren daar het eerst – of dat de plek essentieel is voor ons zelfbeeld als gemeenschap vanwege de historische gebeurtenissen die zich daar hebben afgespeeld. De kracht van de aanspraak op historische rechten, zelfs als deze alleen voor de eisers van belang is, maakt het lastig ze op te geven. Dat de eigen partij ze, zelfs maar ten dele, opgeeft ter wille van de vrede zou de andere partij niet mogen ontgaan. Het zou beschouwd moeten worden als een belangrijk sanguinisch compromis, dat door de tegenpartij moet worden beantwoord door het opgeven van haar eigen droom. Dit gaat op als de rechtsaanspraken geloofwaardig zijn en niet slechts vals engagement dat men later zal laten vallen, alleen maar om een groter deel te krijgen. Maar hoe kan men achter het verschil komen tussen vals engagement en echt engagement? Een aanwijzing voor de ernst van de droom is of er genoeg mensen zijn die geloven dat als hun partij alles op alles zet zij ook alles kan binnenslepen. De poging om alles te verkrijgen kan een waanzinnige en gevaarlijke gok zijn, maar als genoeg mensen geloven dat ze met volharding en echte lef alles kunnen binnenslepen, zonder te hoeven delen, dan wordt het opgeven van een droom des te ernstiger. De droom is dan bijna een streven – die naar verwachting tot resultaat komt.

Het is precies het geloof dat je zelf alles kan 'hebben' dat bevorderlijk is voor het standpunt dat compromis overgave impliceert. Als men bijvoorbeeld te vuur en te zwaard het grote Israël of het grote Palestina kan verkrijgen, dan zal elk compromis dat gebaseerd is op verdeling van land de beschuldiging van overgave en verraad met zich meebrengen.

Andere kenmerken van een sanguinisch compromis
WEDERZIJDSE CONCESSIES

Elk sanguinisch compromis dient gebaseerd te zijn op wederzijdse concessies: op het delen van het verschil. Dit geldt niet voor alle anemische compromissen. Als bij Abraham en Efron Abraham uiteindelijk de volle prijs voor de begraafplaats betaalt – 450 zilverlingen – zouden we dit beschouwen als een overeenkomst, en per definitie als een anemisch compromis. De deal tussen hen is echter geen sanguinisch compromis. Iemand die bij een product in een winkel met een vaste prijs wordt geconfronteerd, 'graag of niet', kan daarop ingaan, maar we noemen dat zeker geen compromis, waarmee we bedoelen dat het geen sanguinisch compromis is.

Het spreekwoordelijke sanguinische compromis is een overeenstemming *halverwege*: in ons geval door het verschil (250) tussen wat de plek Abraham waard is (450) en wat deze Efron waard is (200) door twee te delen; in het spreekwoordelijke sanguinische compromis zou Abraham Efron 325 zilverlingen hebben betaald. Bij een spreekwoordelijk compromis wordt aan de relatieve kracht van de twee onderhandelingspartijen geen aandacht besteed. Halverwege tot elkaar komen kan natuurlijk het resultaat van een anemisch compromis zijn, maar slechts wanneer de twee partijen in hun onderhandelingskracht vergelijkbaar zijn. Een spreekwoordelijk compromis waarbij je halverwege tot elkaar komt, veronderstelt echter niet dat de twee kanten symmetrisch zijn. Een sanguinisch compromis is niet noodzakelijk het spreekwoordelijke compromis van halverwege tot elkaar komen, maar het betekent wel dat het verschil niet te ver van een waarde in het midden wordt gedeeld.

Thomas Schelling schrijft: '"Onderhandelingsmacht", "onderhandelingskracht", "onderhandelingsvaardigheid" suggereert dat het voordeel naar de machtige, de sterke of de vaardige gaat. Dat is natuurlijk ook zo, als we met deze kwaliteiten bedoelen dat onderhandelingen alleen worden gewonnen door de winnaars. Maar als zo'n term wil zeggen dat het een voordeel is om in het debat slimmer of vaardiger te zijn, of over meer financiële middelen te beschikken, meer fysieke kracht, meer militair vermogen, of meer mogelijkheid om tegen verliezen bestand te zijn, dan bewijst hij ons een slechte dienst. Deze kwaliteiten zijn geenszins in alle gevallen van voordeel in een onderhandelingssituatie; vaak werken ze averechts.'[7]

Schelling heeft gelijk als hij zegt dat conventionele kwaliteiten als financiële middelen, militair vermogen en intelligentie tijdens onderhandelen niet altijd een voordeel opleveren. Hij heeft het mis als hij stelt dat onderhandelingsvermogen daarom een leeg concept is en niet meer dan een tautologie: de sterkere partij tijdens de onderhandelingen is degene die de onderhandelingen wint.

Ik durf te wedden dat in de meeste onderhandelingen de partij met de conventionele kwaliteiten van kracht een groter deel krijgt dan degene zonder. Natuurlijk is dat niet altijd het geval, maar veel vaker wel dan niet. Zou Schelling dat willen ontkennen? Een conventioneel sterke onderhandelingspartij kan gevallen zien waarbij zij concessies moet doen aan de zwakke partij juist omdat deze zwak is. Het kan bijvoorbeeld in haar beste belang zijn om de zwakke partij door middel van de onderhandelingen relatief sterk te maken, om zo een onverzettelijke partij te voorkomen. Dit is bekend, maar bekend betekent nog niet dat het de meest gebruikelijke gang van zaken is.

Wat ons interesseert zijn gevallen waarin de conventioneel sterke partij concessies doet aan de conventioneel zwakke partij om de onderhandelingen zo een schijn van de omgang tussen gelijken te geven – namelijk als blijk van erkenning. Als dit gebeurt, dan zou ik het beschouwen als een geval van een sanguinisch compromis, zelfs als de zwakke partij dit niet op gelijke manier kan beantwoorden, maar wel de betekenis van het gebaar erkent en andere soorten concessies doet, de concessies van de zwakkere.

Het concept van wederzijdse concessies is nogal simpel; de psychologie ervan is echter gecompliceerd. We zijn geneigd onze eigen concessies als echte offers op te vatten en de concessies van de andere partij te bagatelliseren. Dat is wat gedragseconomen het schenkingseffect (*endowment effect*) noemen: het effect om de waarde van onze schenking zodra het in de handen van de anderen komt groter te maken dan het is.[8] Dit verklaart ten dele waarom 'duiven' het als lastig ervaren om een compromis te verkopen, waardoor ze telkens weer blootstaan aan een beschuldiging door de haviken: 'U bent niet bezig met een compromis maar met een capitulatie; de andere partij doet niet genoeg concessies.'

Vereist een compromis altijd dat zoiets als het verschil wordt gedeeld? Niet echt. Er bestaat een theorie waarbij de essentie van het compromis niet zozeer wordt gezien als het delen van het verschil, maar als de bereidheid een herformulering van het geschilpunt te aanvaarden. Als joden en moslims bijvoorbeeld ermee in zouden stemmen om hun geschil over de soevereiniteit van de Tempelberg in Jeruzalem te herformuleren als een geschil over het *gebruik* van de plek, dan is de voornaamste stap naar een compromis reeds gezet. Het *gebruik* delen is onbelangrijk, terwijl het delen van de soevereiniteit buitengewoon moeilijk is.

In gewone taal gebruiken we het woord 'compromis' eigenlijk niet voor alle transacties. Het zou raar zijn om het kopen van een fles melk tegen een vaste prijs in een supermarkt te beschrijven als een compromis. In het algemeen wordt een compromis gezien als een reactie op een tamelijk serieuze kwestie. Een schoolvoorbeeld van een compromis is een reactie op een impasse tijdens onderhandelingen. Het doorbreken van een echte impasse zou in het gewone spraakgebruik een duidelijk geval van een compromis zijn, vooral als de twee partijen zichtbare concessies hebben gedaan om de impasse te doorbreken.

Een duidelijk geval van een sanguinisch compromis is het doorbreken van een impasse door middel van wederzijdse concessies en het delen van het verschil. Het doorbreken van de impasse doordat de ene partij alle concessies doet, is moeilijk een sanguinisch compromis te noemen. Bij een impasse die door een compromis kan worden doorbroken weten de betrokkenen aanvankelijk gewoon niet wat ze liever willen: blijven hameren op hun droom ('de droom'), zich weer verschansen achter het geschilpunt en niets doen, of doorgaan met de onderhandelingen.

Een impasse, zelfs een die tot een bloedig conflict leidt, is niet noodzakelijk een aanwijzing dat er tussen de twee rivalen geen punt van overeenkomst bestaat. Hoe kostbaarder het conflict, des te groter de kans dat er een overeenkomst bestaat die beter is dan het bloedige conflict.[9] Daaraan kunnen we nog toevoegen dat als er een waarschijnlijkere en betere overeenkomst bestaat dan het geschilpunt, dat er in deze logica meer dan één zal zijn. Een dilemma is waarschijnlijker wanneer er meer dan één mogelijke overeenkomst bestaat dan wanneer er geen is.

Maar hoe kunnen de twee betrokken personen in een dilemma dat leidt tot een bloedig conflict als rationeel beschouwd worden? Gegeven het feit dat het niet bereiken van een overeenkomst gevaarlijk is en het geschilpunt bloedig, moet het wel zo zijn dat het bestaan van een overeenkomst beter is dan geen overeenkomst. Hoe kan het dus dat de twee partijen er niet in slagen tot overeenstemming te komen en toch beschouwd worden als rationeel?

Een banaal maar waar antwoord hierop is dat dit kan gebeuren als de twee vastzitten in een situatie van structureel rationeel wantrouwen, zoals het dilemma van de gevangene, waarbij geen van beiden gelooft dat de ander zich aan de afspraak zal houden. Een andere mogelijkheid is dat de twee rivalen zicht hebben op verschillende overeenkomsten, die de twee partijen op zeer ongelijke wijze bevoordelen: elk van hen geeft de voorkeur aan de overeenkomst die in haar voordeel werkt. Onder bepaalde omstandigheden zou het misschien rationeel zijn als elk van hen sterke punten probeerde voor te wenden en zwakheden probeerde te verbergen om zo de ander te dwingen hun favoriete overeenkomst te aanvaarden, zelfs met het risico van oorlog. Dit is niet zo eenvoudig als het klinkt. De rationele onderhandelingstheorie presenteert de reeks van alle mogelijke overeenkomsten als bolvormig.[10] Dit betekent dat elk gewogen gemiddelde punt tussen twee mogelijke overeenkomstpunten ook een overeenkomst is die voor de twee openstaat. Hoe kan het dus dat rationele personen geen tussenliggend compromispunt weten te bereiken en op een bloedige oorlog uitlopen? Dit is een groot raadsel voor degenen die een rationele verklaring voor oorlogen proberen te geven – tenminste van sommige oorlogen.

Ondertussen gaat mijn aandacht niet uit naar de rationaliteit van oorlogen maar naar hun moraal. Ik houd me niet bezig met de vraag hoe twee rivalen in oorlog kunnen belanden en nog steeds als rationeel worden gezien, maar eerder met de vraag van Thomas van Aquino: is het altijd zondig om oorlog te gaan voeren? Gegeven waar het mij om gaat, zou ik twee punten van zorg naar voren willen halen die verband houden met de mogelijkheid van een impasse en die in hoofdstuk 3 nadrukkelijk aanwezig zullen zijn: de politiek van het heilige en de angst voor irredentisme.

Eén tactische zet tijdens het onderhandelen is pijnlijk vertrouwd: je vastleggen op een eis die erg weinig ruimte laat voor compromis, waardoor de andere partij gedwongen is jouw voorwaarden te accepteren. Jouw eigen grond heilig verklaren is één manier om tijdens de onderhandelingen een krachtig *commitment* te tonen. 'Ons land zwicht niet voor onderhandelingen. Het staat zelfs niet ter discussie. Voor ons staat de nationale grond gelijk aan de heilige vallei waar de almachtige God tot Mozes sprak.' De spreker van deze woorden was Anwar Sadat, de president van Egypte, in het Israëlische parlement op 20 november 1977.[11]

Het heilige sluipt soms de wereldlijke politiek binnen als een tactisch *commitment*, maar de taal van het heilige is niet tactisch; hij heeft een eigen leven. Ervan gebruikmaken maakt het erg moeilijk om je *commitment* te herroepen; de kosten van het herroepen van een *commitment* wanneer het heilige wordt aangeroepen zijn zo hoog dat dit tot een impasse kan leiden en tot oorlog in plaats van tot een compromis. Godzijdank, als dat een passende uitdrukking is, slaagde Sadat in zijn gok. Maar spelen met de taal van het heilige is letterlijk spelen met vuur. Dat is het ene punt van zorg.

Een andere zorg is de angst voor een toekomstig irredentisme – het doen van territoriale aanspraken die in de toekomst de overeenkomst ondermijnen. De angst voor irredentisme, namelijk dat je verdragspartner zich niet aan zijn deel van de overeenkomst zal houden, kan de twee partijen verlammen in een impasse.

Het verbreken van een echte impasse door middel van een inspanning door beide partijen is in ieder geval een betrouwbaar teken dat het compromis sanguinisch is.

ZONDER DWANG

Een duidelijk geval van een sanguinisch compromis doet zich voor wanneer de voor het compromis gedane concessies niet door dwang zijn afgedwongen. De dwang waar ik aan denk is het dwingen van de ene partij bij de overeenkomst door de tegenpartij. Bij dwang gaat het om een geloofwaardige dreiging. Een dreiging komt op dwang neer als *alle* opties die de bedreigde partij openstaan zichtbaar slechter zijn dan *alle* opties voordat de bedreiging werd geuit. Er zijn eindeloze epicycli in de literatuur over deze grove toestand van dwang, maar hoe grof die ook is, hij voorziet wel in onze behoeften.[12]

Er kunnen vier gevallen worden onderscheiden:

Eén: de twee partijen stemmen in met een compromis en wederzijdse concessies, maar de deling tussen hen is afgedwongen. Het aanvaarden van arbitrage kan deze vorm aannemen, toch tast het het idee dat arbitrage kan eindigen in een compromis niet aan.

Twee: de twee partijen worden gedwongen door een derde partij, of één partij wordt gedwongen door de tegenpartij, om een compromis te sluiten, maar de wederzijdse concessies die van elke partij gevraagd worden staan open voor onderhandeling.

Drie: het geval wanneer niet alleen de verplichting tot wederzijdse concessies wordt opgelegd, maar ook de omvang van de concessies. Als de twee partijen bereid zijn om achteraf de oplegging te aanvaarden, beschouw ik het nog steeds als een compromis; als ze dit niet doen, is het geen compromis.

Vier: een derde partij dwingt slechts één partij in het geschil (bijvoorbeeld haar satellietstaat) om tot een compromis te komen. Dit verhindert niet dat de tussen de twee partijen bereikte overeenkomst beschouwd wordt als een compromis, ook al is de voornaamste reden voor de gedwongen partij om het compromis te aanvaarden de dwingende dreiging door de derde partij.

De vier gevallen van dwang die ik zojuist opsomde zijn gevallen waarin dwang en compromis toevallig samenvallen. Dit moet echter niet de bewering ondermijnen dat de voornaamste gevallen van compromis, die ik duidelijke gevallen noem, gevallen van overeenkomst vrij van dwang zijn. Dwang doet zich voor in gradaties. De afstand van een gegeven overeenkomst tot dit gemiddelde compromis hangt onder meer af van hoe vrij de overeenkomst is.

Een duidelijk geval van een sanguinisch compromis is een overeenkomst (*co-promise* ofwel 'mede-belofte') waartoe de pijnlijke erkenning van de andere partij behoort, het opgeven van dromen, het doen van wederzijdse concessies die de erkenning van het standpunt van de ander uitdrukken, en die niet gebaseerd is op dwang door de ene partij op de andere. Als dit een sanguinisch compromis is, wat is dan een rot compromis? En in het bijzonder, wanneer is een compromis rot vanwege zijn inhoud en niet vanwege de aard van het compromis?

Via een korte toelichting en een lange illustratie zal ik op deze twee vragen ingaan.

Was Het Grote Compromis een rot compromis?

Een rot compromis is een compromis. Het is een overeenkomst die een onmenselijke politieke ordening, met stelselmatige wreedheid en vernedering als permanente kenmerken, vestigt of in stand houdt; gewoonlijk is de partij die de wreedheid en de vernedering ondergaat geen partij bij de overeenkomst. Met vernedering bedoel ik ontmenselijking – het behandelen van mensen als niet-mensen. Met wreedheid bedoel ik een gedragspatroon dat moedwillig pijn en ellende veroorzaakt. Een rot compromis dat een onmenselijk regime van wreedheid en vernedering vestigt of in stand houdt is een aanslag op de moraal zelf, en dat maakt het radicaal slecht.

De praktijk van slavernij is een duidelijk geval van vernedering en wreedheid. Slavernij gebaseerd op racisme is dubbel fout, want je wordt als menselijk wezen achtergesteld, zowel omdat je slaaf bent als om reden van je ras. Laat ik daarom ingaan op compromissen waar slavernij aan te pas komt als een testcase voor mijn beschrijving van een rot compromis dat het toebrengen van wreedheid en vernedering door de vingers ziet.

Het lijkt een belachelijk anachronisme om de Mesopotamische koning Hammoerabi ervan te beschuldigen zo'n vierduizend jaar geleden voor slavernij te hebben gekozen als elementair maatschappelijk gebruik. Maar het heeft niets van een anachronisme om Jefferson verantwoordelijk te houden voor zijn aanvaarding van de slavernij: de afschaffing ervan was voor hem een reële optie. Een reële optie is niet noodzakelijk ook de verkozen optie. Het is een optie die voor de leden van de maatschappij in het verschiet ligt, vooral als een aanzienlijk aantal leden of hun directe omgeving ervoor kiezen. Het staat buiten kijf dat abolitionisme een reële optie was tijdens de vorming van de Unie.

Ik vind dat een samenleving uit het verleden aan te spreken valt op zijn reële opties. Dit betekent niet dat de slechtheid – bijvoorbeeld van slavernij – relatief is, maar alleen maar dat morele aansprakelijkheid relatief is. De vraag of de Verenigde Staten waren gegrondvest op een rot compromis is geen anachronistische vraag. Waar het hier om gaat, in tegenstelling tot bij het Verdrag van München, is eerder de inhoud van het compromis dan wie het ondertekende. Hoewel het verdrag in kwestie ondertekend werd door buitengewoon opmerkelijke individuen.

De vorming van de Unie en de aanvaarding van de Amerikaanse constitutie door de opstellers ervan werd mogelijk door het compromis van Connecticut, dat is begroet als Het Grote Compromis. Verantwoordelijk voor het opstellen ervan was vooral Roger Sherman, die is bejubeld als 'de grote bemiddelaar'. De twee netelige kwesties die het compromis moest oplossen waren politieke vertegenwoordiging en slavernij. Pijnlijk voor ons is het compromis over de slavernij: slavernij werd erkend (al wist Madison het woord 'slaaf' uit de formulering van de constitutie te houden). De constitutie verbood de slavernij niet, bovendien gaf zij het Congres niet de bevoegdheid dit te doen. Tot 1808 werd de invoer van slaven toegestaan.

Met name artikel 4, sectie 2, van de grondwet van de vs is afschuwelijk. Het geeft opdracht de slaven die naar vrije staten weten te ontsnappen aan hun eigenaren terug te geven.[13]

De omvang van de erkenning van slavernij kwam naar voren in het Missouri Compromis van 1820. In 1787 had het Congres een wet aangenomen die slavernij ten noorden van de rivier de Ohio verbood. Toen Missouri als staat zou worden toegelaten, werd de kwestie of het als slavenstaat of als vrije staat moest worden toegelaten fel betwist, omdat delen van Missouri ten noorden van de Ohio liggen. Het compromis: Missouri mocht als slavenstaat toetreden en Maine als vrije staat.

Zo zag de situatie eruit waar de vurige abolitionist William Lloyd Garrison mee te maken had. Dit zijn enkele van zijn uitspraken:

'Het abolitionisme dat ik bepleit is even absoluut als de wetten van God, en even onverzettelijk als zijn troon. Het laat geen compromis toe.'[14]

'Ik zal even hard zijn als de waarheid en even onbuigzaam als de gerechtigheid. Bij dit thema [...] zal ik voor geen millimeter wijken.'[15] 'Het pact tussen Noord en Zuid is een verbond met de dood en een overeenkomst met de hel.'[16]

En vervolgens deed hij de uitspraak dat 'voor het Noorden de instandhouding van de Unie voor alles komt – boven eer, gerechtigheid, vrijheid, integriteit'.[17]

Voor Garrison is de Unie 'de meest recente en meest verschrikkelijke vorm van afgodendienst'; waarmee hij vermoedelijk bedoelde dat de Unie, die hij zag als op z'n hoogst instrumenteel van politieke waarde, was getransformeerd in iets van absolute waarde. De Unie werd door haar aanhangers niet uitsluitend in instrumentele termen gezien, maar ook als een moreel ideaal van groot belang – 'een meer volmaakte unie', een politieke ordening die niet alleen doelmatiger zou zijn maar ook moreel beter. Zelfs als schoolkind ver weg in Jeruzalem begreep ik, toen we Stephen Vincent Benéts klassieke *The Devil and Daniel Webster* lazen, dat wanneer Webster vanuit zijn graf maar blijft vragen 'Buurman, hoe staat de Unie ervoor?' hij de overtuiging weergeeft dat de Unie iets hogers is dan alleen een politieke regeling. Iemand die voor persoonlijk gewin zijn ziel aan de duivel verkoopt kan door Webster, de grootste advocaat van zijn tijd, nog steeds worden verdedigd, maar niemand kan de Unie verraden en dan nog verdedigd worden.

Hoe het ook zij, voor Garrison was de constitutie het pact met de duivel: een rot compromis van het zuiverste water. Garrison bezat de verheven taal, de onverschrokken onafhankelijkheid en de geestelijke adeldom van een Bijbels profeet. Maar had hij ook gelijk? Was de Unie gebaseerd op een rot compromis, een compromis waardoor de constitutie aanvaard kon worden tegen de prijs dat er een politieke ordening werd erkend die stelselmatig wreed en uiterst vernederend was voor een bepaalde groep mensen?

De constitutie en de Unie riepen de slavernij niet in het leven. Op zichzelf is dit een relevant feit, maar niet doorslaggevend, om te bepalen hoe rot de overeenkomst was. Het instellen van slavernij is veel erger. Maar de vraag die we moeten beantwoorden is of de overeenkomst de slavernij in stand hielp houden. Het geschiedkundige oordeel luidt dat dit hoogstwaarschijnlijk niet zo is. Het lijkt erop dat in laatste instantie de oprichting van de Unie eerder bijdroeg aan het ondermijnen van de slavernij dan aan het in stand houden ervan.

Deze uitkomst is een empirisch historisch oordeel, geen normatief oordeel.[18] Moreel relevant is echter wel deze vraag: zou je ten tijde van het sluiten van de overeenkomst te goeder trouw hebben kunnen voorspellen dat de vorming van de Unie eerder zou gaan bijdragen aan de afschaffing van de slavernij dan aan het in stand houden van die instelling? Het uiteindelijke oordeel over het compromis bij het vormen van de Unie is van dergelijke oordelen afhankelijk. Als het overtuigendste oordeel waarover degenen die de 'meer volmaakte unie' oprichtten beschikten was dat de Unie de slavernij eerder zou helpen in stand houden dan afschaffen, dan moet het compromis als rot worden bestempeld. En er bestonden voor de opstellers van de Amerikaanse constitutie inderdaad betere redenen om te geloven dat de slavernij op haar retour was, en dat de Unie haar einde zou bespoedigen, dan redelijkerwijs een paar jaar later kon worden geloofd.

De opstellers ervan hadden zeker kunnen geloven dat de slavernij op haar retour was en wel vanwege Adam Smiths visie dat slavernij niet alleen moreel verkeerd was maar, op de lange duur, ook economisch ondoelmatig: 'Het lijkt er daarom op dat, op grond van naar ik meen de praktijk in alle tijden en naties, dat de arbeid die door vrije mensen wordt verricht uiteindelijk goedkoper is dan die door slaven. [...] Alle arbeid die hij meer doet dan wat genoeg is voor zijn eigen bestaan, kan hem alleen met geweld worden afgedwongen, en niet omdat hij er zelf belang bij heeft.'[19] Er bestond bovendien een goede reden om te geloven dat de slavenstaten de immoraliteit van slavernij en het economische argument tegen dit gebruik eerder zouden gaan inzien door interactie met de vrije staten dan door isolement.

De *founding fathers* hadden zeker niet kunnen weten dat een paar jaar nadat de constitutie was bedacht de katoenzuiveringsmachine zou worden uitgevonden, die het scheiden van de katoen van de zaadcocon versnelde en waardoor katoen een erg winstgevende aangelegenheid werd. De katoenproductie nam grootschalig toe, wat een enorme vraag naar slaven met zich meebracht. Zodra de katoenzuiveringsmachine was geïnstalleerd, was de kracht van de overtuiging dat de slavernij op haar retour was echter wel verzwakt.

Hoe dit ook zij, het gaat erom dat in de beoordeling van het compromis over slavernij, zowel als van andere compromissen, we alleen aandacht mogen besteden aan de redenen waar tevoren (vóór de constitutie) geloof aan werd gehecht, in plaats van aan de redenen daarna (nadat de constitutie was overeengekomen).

Maar als ze nu indertijd ter goeder trouw en met goede redenen geloofden dat de slavernij op haar retour was en dat de stichting van de Unie zou helpen om de slavernij sneller te doen beëindigen? Het antwoord daarop zou *niet* automatisch mogen luiden: 'Dit zou het compromis er dan van vrijpleiten een rot compromis te zijn.' Een extra vraag zou eerst nog moeten worden behandeld. Hoe lang zou het duren voordat het compromis het heilzame effect had om de slavernij te beëindigen?

Ik stel als relevante bovengrens de tijdsduur van één generatie voor: het vooruitzicht om de slavernij binnen het kader van de Unie af te schaffen zou binnen het bereik van een bestaande generatie moeten liggen. De reden hiervoor is dat we de Bijbelse notie van een 'woestijngeneratie' – een generatie wier leven kan worden opgeofferd voor de opbouw van een betere toekomst voor komende generaties – moreel zouden moeten verwerpen. (De 'woestijngeneratie' ontleent haar naam aan de generatie die met Mozes in de woestijn rondzwierf en stief voordat de volgende generatie het Beloofde Land kon binnengaan.) Elk revolutionair moreel-futurisme dat bepleit om de revolutionaire generatie op te offeren opdat toekomstige generaties het Beloofde Land kunnen binnengaan, moet worden verworpen op grond van mijn woestijngeneratie-test. In het morele leven is de lange termijn de tijdsduur van een volwassen leven. Mijn rechtvaardiging voor de woestijngeneratie-test is wezenlijk kantiaans: mensen mogen niet alleen maar als middelen tot een doel worden behandeld, zelfs als het doel moreel loffelijk is, bijvoorbeeld de vorming van 'de meer volmaakte unie', om zo in de toekomst slaven te emanciperen. De leden van een woestijngeneratie kunnen erin toestemmen en zichzelf opofferen om in de toekomst een betere maatschappij tot stand te brengen: om te dienen, zoals de strijdkreet luidt, als 'de olie in de raderen van een revolutie'. Maar geen enkel regime heeft het recht om een generatie zonder haar toestemming een dergelijk offer op te leggen.

In ieder geval heeft niemand de zwarte slaven gevraagd, ook niet met zoveel woorden, of ze instemden met de constitutie. Bovendien was het verbod op de invoer van slaven na 1808 niet bedoeld om degenen die al slaaf waren vrij te maken, en de Fugitive Slave Law hielp de greep van de eigenaren op de slaven van de woestijngeneratie nog versterken.

De periode van twintig jaar die de constitutie in gedachten had voor een verbod op de invoer van slaven ging in de richting van de limiet van de tijdsduur van één generatie (gezien de levensverwachting van slaven op dat moment). Madison was zich scherp bewust van het probleem van de tijdsduur. 'Twintig jaar tijd zullen alle onheil aanrichten waar we uit de vrijheid om slaven in te voeren voor kunnen vrezen; een zo lange termijn zal voor ons nationale karakter schandelijker zijn dan er in de constitutie helemaal niets over te zeggen.'[20]

Toch verdedigde hij het compromis met de clausule van twintig jaar door te zeggen dat in de oude regeling de invoer van slaven voorgoed was toegestaan. Dus uiteindelijk was Madison het niet eens met de één-generatie-voorwaarde. Hij wilde dat we de vooruitzichten dat slaven bevrijd zouden worden onder de constitutie vergeleken met hun vooruitzichten zonder de constitutie, om zo te bepalen of de constitutie een rot 'onheil' was. Dit doet mijn woestijngeneratie-criterium geweld aan; een compromis mag niet worden gesloten als het betekent dat we langer dan één generatie stelselmatige wreedheid en vernedering moeten accepteren. De clausule van 1808 liep tegen de limiet van de woestijngeneratie-test op.

Was de constitutie dus de uitkomst van een rot compromis?

Het antwoord op deze harde vraag hangt af van omstreden feiten.

Ik heb niet geprobeerd een definitief antwoord te leveren maar wel een manier van denken over deze vraag.

Ik zal de vraag echter niet uit de weg gaan. Mijn voorlopige antwoord is dat de constitutie was gebaseerd op een rot compromis. Het was niet rot omdat het in het algemeen een onmenselijk regime in stand hielp houden – dat deed het waarschijnlijk niet – maar omdat het voor een hele woestijngeneratie (en zelfs meer dan één) een onmenselijk regime in stand hielp houden. De beperking op de invoer van slaven na 1808 zou in ieder geval de generatie van degenen die al slaaf waren geen soelaas bieden. Mijn aarzeling komt door wat ik zojuist beweerde, namelijk dat de feiten van deze ellendige zaak nog steeds omstreden zijn.

Als het compromis waardoor de constitutie mogelijk werd rot was, wat zegt ons dit dan over de constitutie als geheel?

Verderop in dit boek zal ik een onderscheid maken tussen twee gevallen: een kakkerlak in de soep en een vlieg in de zalf. Een kakkerlak maakt de hele soep onbruikbaar. Een vlieg in de zalf maakt de zalf maar ten dele onbruikbaar. Gegeven dit onderscheid luidt de vraag: was de constitutie een soep met een kakkerlak of een zalf met een vlieg? Mijn korte antwoord daarop is dat het een soep was, met de slavernij erin als reusachtige kakkerlak.

Een rot compromis ten aanzien van een onderdeel in een overeenkomst besmet voor het overige acceptabele overeenkomst als geheel. Meer daarover later.

Misdaden tegen de menselijkheid

Waarom zou je bij de vele kwaden die uit de doos van Pandora tevoorschijn komen als je wilt weten wat compromissen rot maakt wreedheid en vernedering eruit lichten? Ik licht de combinatie van vernedering en wreedheid er niet alleen uit omdat we daar het meest bang voor zijn, dus niet om redenen van welzijn. Mijn reden is wezenlijk: hevige wreedheid en vernedering ondermijnen de notie van gedeelde menselijkheid.

Wreedheid en vernedering verlopen gradueel, net als de vermenging van deze twee. De milde vorm van geïnstitutionaliseerde vernedering zorgt voor een onfatsoenlijke samenleving. Maar mijn besef van wreedheid en vernedering is een veel sterkere notie dan de milde notie van vernedering die een onfatsoenlijke samenleving mede in stand houdt. De overgang van milde vormen van vernedering naar een regime van wreedheid en vernedering zou een overgang qua soort moeten zijn, een overgang van kwantiteit naar kwaliteit. In werkelijkheid bestaat zo'n overgang niet, maar alleen een continuïteit van wreedheid en vernedering, die we enigszins kunstmatig onderbreken. Het gaat erom voor discontinuïteit te zorgen, door te zeggen dat er op een zeker punt zoveel wreedheid en vernedering is dat het vermijden van een toename daarvan elk voordeel overtreft dat een alternatief zou kunnen bieden.

Als de uitdrukking 'misdaden tegen de menselijkheid' niet al een ingeburgerde term was, dan zou ik deze hebben gebruikt als een betere uitdrukking voor hoe ik een regime van systematische wreedheid en vernedering zie. Mijn stelling zou dan als volgt geformuleerd zijn: een rot compromis is een compromis dat misdaden tegen de menselijkheid tot gevolg heeft of in stand houdt. In navolging van artikel 64(c) van het handvest waarvan de processen van Neurenberg uitgingen, classificeert het Internationale Strafhof misdaden tegen de menselijkheid als volgt: '"[M]isdaad tegen de menselijkheid" wil zeggen een van de volgende daden, indien gepleegd als onderdeel van een wijdverbreide of systematische aanval gericht tegen een burgerbevolking, met kennis van de aanval: moord, uitroeiing, slavernij, deportatie of gedwongen verplaatsing van een bevolking, gevangenschap of een andere ernstige beroving van fysieke vrijheid [...], marteling, verkrachting, seksuele slavernij, gedwongen prostitutie [...], gedwongen verdwijning van personen, de misdaad van apartheid, andere onmenselijke daden van soortgelijke aard met de bedoeling om groot lijden, of ernstige schade aan lichaam of aan de mentale of de fysieke gezondheid te veroorzaken.'[21]

'Misdaad tegen de menselijkheid' is dus duidelijk een ingeburgerde term. Hij wordt onderscheiden van oorlogsmisdaden of van misdaden uit agressie, en is gelijkelijk van toepassing in tijden van oorlog als in tijden van vrede. Hij maakt geen onderscheid tussen de mensen waartegen de misdaad is gericht. Het doet er niet toe of de slachtoffers behoren tot specifieke groepen, zoals in het geval van genocide. Misdaden tegen de menselijkheid in juridische zin kunnen alleen tegen burgerbevolkingen worden begaan. Ik breid ze uit tot krijgsgevangenen en tot voormalige krijgsgevangen, zoals mijn voorbeeld van de gedwongen repatriëring van Sovjetkrijgsgevangen naar het stalinistische Rusland aan het einde van de Tweede Wereldoorlog laat zien (hoofdstuk 4).

Misdaden tegen de menselijkheid rechtvaardigen uit naam van de menselijkheid interventie tegen de daders, zelfs als daarvoor de soevereiniteit van de staat die de misdaad pleegt moet worden geschonden. Mij gaat het echter om iets anders: niet om de actieve interventie, maar om het passief aanzetten tot zulke misdaden door middel van deals die een compromis inhouden.

Compromissen zouden nooit toegestaan mogen zijn in gevallen van misdaden tegen de menselijkheid, behalve om de levens te reden van de mensen die door zulke regimes worden bedreigd. Ik kan niet genoeg benadrukken waarom misdaden tegen de menselijkheid absoluut taboe behoren te zijn: ze doen juist een aanslag op de categorie waarop de moraal is gefundeerd, die van *gedeelde menselijkheid*.

Ik maak hier een onderscheid tussen een *intrinsieke aanslag* en een *uitwendige aanslag* op de moraal.

Een analogie kan het onderscheid verhelderen. Het begaan van een overduidelijke overtreding in bijvoorbeeld basketbal is iets kwalijks. Maar hoe kwalijk ook (de overtreder kan uit de wedstrijd worden gezet), toch is het een overtreding binnen de wedstrijd. Door het kapotmaken van de twee baskets wordt daarentegen de wedstrijd zélf kapotgemaakt: dit is geen ongeldige actie in de wedstrijd, het is een actie die ingaat tegen de mogelijkheid tot een wedstrijd. De vergelijking tussen de twee acties is niet een vergelijking van graduele slechtheid, het verschil is er een van aard. Een aanval op het idee van een gedeelde menselijkheid is zoiets als het kapotmaken van de baskets. Het is een aanval op een essentieel element van de moraal als het terrein dat alle menselijke relaties behoort te reguleren. Als je mensen van het menselijk ras uitsluit, wat hen ongeschikt maakt voor menselijke relaties, bega je een daad die de moraal ondermijnt. Een intense vorm van racisme is een schoolvoorbeeld van een aanval op de vooronderstelling van de moraal, namelijk een gedeelde menselijkheid.

Een reactie op het onderscheid tussen de intrinsieke en de uitwendige aanslag is deze: vraag aan de slachtoffers of het hun veel kan schelen of ze mishandeld worden door een wreed regime dat een aanslag pleegt op de moraal als zodanig, of door een regime dat hen alleen maar aanvalt *binnen* de moraal. Als het onderscheid de slachtoffers niet uitmaakt, zo gaat deze reactie verder, dan gaat het om een onderscheid zonder waarde.

Deze reactie slaat de plank mis. Het perspectief van de slachtoffers, met betrekking tot dit onderscheid, is het verkeerde perspectief. Denk aan het onderscheid tussen moord en onvrijwillige doodslag, dat wil zeggen tussen doden met voorbedachten rade en doden zonder de intentie daartoe en alleen uit onbezonnenheid. Ongetwijfeld is dit moreel en juridisch een erg belangrijk onderscheid. Maar vraag vervolgens aan de slachtoffers of het hun hoegenaamd iets uitmaakt of ze ter dood worden gebracht door moord of door doodslag. Als u het een probleem vindt dat in het geval van moord of doodslag niemand gevraagd kan worden, schakel dan over op degenen die het overleefden maar voor het leven verlamd bleven, en vraag of het hun kan schelen welke van de twee soorten daden hun dit vreselijke onheil heeft aangedaan.

In zekere zin gaat het volkenrecht in op ons probleem met rotte compromissen: elke overeenkomst die misdaden tegen de menselijkheid aanmoedigt, is ongeldig onder een onherroepelijke norm (*ius cogens*) die ze volstrekt verbiedt. Ons gaat het meer om de moraal dan om de status van zulke overeenkomsten in het positieve recht.

Het idee dat tot uiting komt in 'wreedheid en vernedering' is verbonden met een ander idee naast dat van misdaden tegen de menselijkheid: 'wrede en ongebruikelijke bestraffing'. 'Wrede en ongebruikelijke bestraffing' is een amalgaam van wreedheid en vernedering. In mijn interpretatie van de uitdrukking is het regime wreed *en* vernederend, en niet alleen wreed *of* vernederend, en dat is wat dit amalgaam wil overbrengen. De historische voorbeelden van wrede en ongebruikelijke bestraffing zijn inderdaad gevallen van overweldigende vernedering volgend op vreselijke fysieke pijn. De auteurs van de Engelse Bill of Rights (1689), waar de uitdrukking 'wrede en ongebruikelijke bestraffing' ontstond, net zoals de opstellers van het Eighth Amendment van de constitutie van de vs een honderd jaar later, kenden nog steeds de gruwelijke bestraffing voor verraad: de slachtoffers werden opgehangen, in stukken gerukt en gevierendeeld. Achter deze schematische formule gaat een gruwelijke realiteit schuil. Het slachtoffer werd op een houten frame naar de plaats van de terechtstelling gesleept, aan z'n nek opgehangen tot hij bijna dood was, daarna van de ingewanden ontdaan en ontmand, vervolgens onthoofd, en ten slotte in vier delen gescheiden. Het is erg duidelijk dat dit uitzonderlijke schouwspel ertoe diende om een amalgaam van wreedheid en vernedering tot stand te brengen: een aanslag op de integriteit van het lichaam zowel voor als na de dood met als enige doel ontering. Hitler had in zijn bestraffing van degenen die in juli 1944 tegen hem hadden gecomplotteerd dezelfde ontering op het oog, bewerend dat ze zouden worden 'opgehangen als vee'. Het dode lichaam van de veroordeelde niet behandelen als een dood mensenlichaam is een uiting van vernedering.

Alles wel beschouwd bestaat er dus een nauw verband tussen de notie van een regime van wreedheid en vernedering, en de twee ideeën van een wrede en ongebruikelijke bestraffing en van een misdaad tegen de menselijkheid.

Hier ligt een serieus probleem. Waarom mag je een overeenkomst met een hevig onrechtvaardig regime niet rot noemen? Waarom rotheid uitsluitend beperken tot gevallen van misdaden tegen de menselijkheid? Als hevig onrecht samenvalt met ons besef omtrent een regime van wreedheid en vernedering, dan is er geen probleem. Maar als grof onrecht samenvalt met een regime van wreedheid en vernedering, en zich vervolgens nog verder uitstrekt naar bijvoorbeeld gevallen van grof onrecht in de verdeling van goederen, wat dan?

Onrecht kan het ontbreken van rechtvaardigheid betekenen, op dezelfde manier als waarop onvriendelijkheid het ontbreken van vriendelijkheid kan betekenen. Maar het ontbreken van vriendelijkheid kan ook een milde vorm aannemen, misschien het gevoel dat mensen in het algemeen hebben. Het kan echter ook ernstige vijandigheid en agressie betekenen (zoals bij 'onvriendelijke beschietingen'): iets wat de meeste mensen een deel van de tijd aanvoelen en de sommige mensen de hele tijd. Onrecht in de meest ernstige betekenis is vergelijkbaar met onvriendelijkheid in zijn vijandig agressieve betekenis.

Hevig onrecht is erg, heel erg. Waarom zouden we een compromis met een hevig onrechtvaardig regime geen rot compromis noemen? Zo'n uitspraak zou gevolgen hebben. Het betekent dat je onder geen beding overeenkomsten zou mogen sluiten die direct of indirect de partijen met hevig onrecht in verband brengen.

Hevig onrecht is een volmaakt goede reden om met een kwaadaardig regime niet vrijwillig een overeenkomst te tekenen die een dergelijk patroon kan helpen ontstaan of in stand houden. De vraag is echter: is dat als reden goed genoeg om het tekenen van een vredesovereenkomst met zo'n regime onder alle omstandigheden te voorkomen? Dit is geen willekeurig voorbeeld. Het is de lakmoesproef voor wat 'onder geen beding' betekent. Misdaden tegen de menselijkheid blokkeren een vredesovereenkomst onder álle omstandigheden. Maar dient onrecht dat niet valt onder mijn kopje van een regime van wreedheid en vernedering, elke mogelijke overeenkomst te blokkeren?

Niet in mijn boek. Natuurlijk willen we onrecht niet erkennen, zeker geen hevig onrecht. Maar wat nu als de ruil voor de erkenning van onrecht vrede is? Wanneer dit de ruil is en er anders oorlog zou kunnen komen, dan bestaat er, wat er ook gebeurt, geen rechtvaardiging om onrecht niet te accepteren. De ruil tussen vrede en onrecht moet op zijn merites worden beoordeeld, van geval tot geval. Slechts misdaden tegen de menselijkheid, die ik interpreteer als misdaden tegen de mogelijkheid tot moraal, behoren vrede in alle omstandigheden te blokkeren en nooit in een compromis erkend te worden.

HOOFDSTUK 3

Compromissen voor de vrede

Roadmap

In zijn terecht beroemde opstel 'Naar de eeuwige vrede' contrasteerde Kant een wapenstilstand, als een opschorting van vijandelijkheden, met een blijvende vrede. Zijn eerste artikel luidt: 'Geen vredesverdrag mag als geldig beschouwd worden wanneer het gesloten wordt met een geheim voorbehoud dat de stof bevat voor een toekomstige oorlog.'[1] Anders, zo zegt hij, is het verdrag alleen maar een wapenstilstand.

Ik zal hier ingaan op het territoriale aspect van een vredesovereenkomst, dat een blijvende vrede zou kunnen ondermijnen. Je zou het de *irredentisme*-clausule kunnen noemen, of krachtiger: de *revanchisme*-clausule in een vredesovereenkomst. Irredentisme is een buitenlandse politiek die gericht is op het terugkrijgen van verloren gebieden; revanchisme voegt aan een dergelijke politiek een element van wraak toe. 'Irredentisme' en 'revanchisme' zijn negentiende-eeuwse termen die in een moderne nationalistische context weer opduiken. 'Irredentisme' kreeg zijn naam in Italië, 'revanchisme' in Frankrijk. Beide verwijzen naar politieke campagnes die erop gericht waren verloren nationale gebieden terug te krijgen. Ik gebruik de term 'irredentisme' in een bredere context door hem te verbinden met de religieuze visie op politiek.

Een partij in een vredesovereenkomst heeft vele redenen om de overeenkomst te verbreken: zij is te kostbaar, te hinderlijk. Irredentisme is maar één reden om een overeenkomst te verbreken. Waarom zou men zich druk maken over dit specifieke verbrekingstype wanneer overeenkomsten om talloze soorten redenen worden verbroken? Het gaat mij om het blijvende gevoel van onrechtvaardigheid dat de stabiliteit van de vrede zou kunnen ondermijnen. Het is een essentieel onderdeel van een algemene zorg over de relatie tussen vrede en rechtvaardigheid. Historisch gezien had het irredentisme heel veel te maken met het blijvende gevoel van onrechtvaardigheid dat gevoeld werd door degenen die gebieden waren kwijtgeraakt.

Rechtvaardigheid kan, net als taalwetenschap, op twee manieren worden benaderd: historisch of synchroon. Verdelende rechtvaardigheid – met als schoolvoorbeeld het eerlijk verdelen van de taart – is synchroon, terwijl het schoolvoorbeeld van wie het eerst in de rij ging staan voldoet aan de historische notie van rechtvaardigheid.[2] Een gevoel van onrechtvaardigheid uitgedrukt in irredentisme kan historisch of synchroon zijn.

Een historisch gevoel van rechtvaardigheid past beter bij het beeld van de politiek als religie, terwijl een synchroon gevoel van rechtvaardigheid beter past bij de economische visie.

Bij irredentisme kan men op twee manieren een beroep doen op historische rechtvaardigheid.

De eerste manier gaat als volgt. Wij waren daar het eerst. Ooit was het van ons. Wij hadden het vele jaren in bezit. Het werd met geweld ingepikt. Op een moment van zwakte stemden onze voorouders in met een overeenkomst waarmee het land werd opgegeven, maar dat was intrinsiek onrechtvaardig. De oneerlijke deal van onze voorouders zou heronderhandeld moeten worden. In een nieuwe deal zou het land bij ons moeten terugkomen. Wij zijn vanuit het verleden de ware eigenaren ervan.

De tweede manier gaat als volgt. Het betwiste land schreeuwt erom te worden herwonnen. Het was een wezenlijk element in ons verleden en het is ook een cruciaal element in onze huidige identiteit. Wij hebben recht op dit land vanwege het belang ervan voor het leven van ons volk. Voor degenen die er nu de baas over zijn, betekent het niets. Voor hen is het alleen maar een stuk onroerend goed, terwijl het voor ons alles betekent.

Deze twee aanspraken gaan samen met de rechtvaardiging van historisch irredentisme.

Het besef van verdelende onrechtvaardigheid is anders van karakter. J. Paul Getty deed ooit de beroemde uitspraak dat hij het niet erg zou vinden als de armen de aarde erfden, zolang hij maar de rechten op de bodemschatten bezat.[3] Degenen die vanwege de vredesovereenkomst arm aan bodemschatten worden, koesteren wrok jegens degenen bij wie veel van zulke hulpbronnen (bijvoorbeeld olie en diamanten) terechtkomen. Dit is een klassiek irredentisme op grond van verdeling. Deze twee irredentistische aanspraken kunnen in de praktijk naadloos in elkaar overgaan, maar conceptueel kunnen en moeten ze worden gescheiden.

Ik zal proberen beide soorten irredentisme te verklaren. Mijn aandacht gaat echter niet uit naar irredentisme als zodanig maar naar irredentisme als iets wat licht werpt op de relatie tussen vrede en rechtvaardigheid, met het compromis daar tussenin.

In het eerste deel van dit hoofdstuk beweer ik dat de politiek van het heilige sterk irredentistisch is en als zodanig het idee van een blijvende vrede bedreigt. In het tweede deel ga ik in op de manier waarop we moreel met de onvoltooide kwestie van (gerechtvaardigd) irredentisme zouden moeten afrekenen, om ruimte te maken voor een blijvende vrede.

Het heilige en het irredentisme

Het religieuze idee van het heilige stelt strenge grenzen aan het menselijk vermogen tot onderhandelen en het sluiten van compromissen. Heilige plaatsen, heilige dagen, heilige artefacten – alle zijn aan God gewijd. Ik zal mij hier beperken tot de heilige plaatsen en gebieden, omdat zich daaromheen nu zoveel politieke discussie beweegt. Er is hier een paradox. Enerzijds is het hele universum het domein van God; maar anderzijds is het domein van God beperkt tot stukken heilige grond – al het overige is profaan, het terrein waarover door mensen mag worden onderhandeld.

In de geschiedenis van de religie bestaan er drie met elkaar concurrerende opvattingen over wat iets heilig maakt. Een van de opvattingen is dat een plek heilig is omdat mensen deze aan God wijden en opdragen. Een andere opvatting is dat mensen een plek heilig maken omdat deze objectief heilig is: vroeger was daar een goddelijke aanwezigheid en daarom is hij geheiligd. In de Hebreeuwse Bijbel is er een derde opvatting hoe een plek heilig wordt: mensen wijden eerst de plek, die vervolgens een teken van Gods goedkeuring ontvangt.

In de feitelijke praktijk van de drie religies jodendom, christendom en islam treffen we verschillende combinaties van deze drie opvattingen aan. Wanneer mensen een plek heilig maken door deze zo te bestempelen, bestaat er enige onderhandelingsruimte. Het lijkt erop dat de gelovigen deze plek van zijn heiligheid kunnen ontdoen zonder hem te ontheiligen, maar zolang de plek als heilig wordt bestempeld is hij heilig en bestaat er weinig onderhandelingsruimte. In alle beoordelingen zou het domein van het heilige vrij zou moeten zijn van menselijke manipulatie en menselijke belangen. Het is het domein van God, zijn heiligdom. Het schenden van Gods eer door een compromis aan te gaan met wat alleen God toekomt, is een gruwel, een daad van duivelsverering.

Het idee van het heilige is niet uniek voor het monotheïsme. De politiek van het heilige wanneer het geschil gaat tussen gelovigen in één god (bijvoorbeeld tussen joden en moslims over de heiligheid van de Tempelberg) is even bitter als wanneer het geschil zich afspeelt tussen monotheïsten en polytheïsten (bijvoorbeeld tussen moslims en hindoes over de Babrimoskee in Ayodhya). Vaak wordt echter gedacht dat polytheïstische religies veel meer ruimte laten voor compromis en tolerantie. Deze gedachte is conceptueel plausibel maar feitelijk twijfelachtig.[4]

De politiek van het heilige is de kunst van het onmogelijke. Het maakt een langlopend compromis onmogelijk. Als een locatie of een stuk gebied als heilig wordt beschouwd, dan wordt een aanspraak erop een absolute aanspraak. Wanneer gelovigen worden gedwongen concessies te doen, dan zien ze hun concessies als een tijdelijke tegenslag. In hun zwakte kunnen ze opteren voor een bestand, maar alleen om weer op krachten te komen, niet ter wille van de vrede. De beëindiging van het geweld kan deel uitmaken van de politiek van het heilige, maar het maakt nooit een einde aan de verwachting van geweld. Ik blijf dus volhouden dat de politiek van het heilige intrinsiek irredentistisch is. Religieus irredentisme kan sluimeren en het kan met geweld losbarsten, maar het moet altijd serieus worden genomen, zelfs wanneer het sluimert.

De gelovigen zien zichzelf als de behoeders van het heilige en mogen ten nadele ervan geen compromis sluiten. Dus als vrede zowel de beëindiging van geweld als de beëindiging van de verwachting van toekomstig geweld betekent, is de politiek van het heilige niet de politiek van op compromis gebaseerde vrede. Een compromis wordt door de gelovigen uitgelegd als een daad van verraad en niet als een verstandige manier om het verschil te delen.

De politiek van het heilige brengt zijn eigen exponenten voort, de onbuigzame asceten die niet te koop zijn. Caesar koesterde een beroemde en bijgelovige angst voor magere mensen, die gevaarlijk en onverzettelijk zouden zijn. Maar regimes zijn heel terecht bang voor ascetische mensen die niets van doen willen hebben met compromissen maar zich wel meester maken van een heilige politiek. Om invalide te zijn, zoals de leider van Hamas sjeik Yassin, of blind, zoals sjeik Rakhman, draagt bij aan de indruk dat dergelijke mensen politieke figuren zijn die met aardse goederen niet verleid kunnen worden. Met hun heilige politiek zullen zij onder geen beding een compromis kunnen of willen sluiten.

De bewering over het tot geen compromis bereid zijnde karakter van het heilige kan aanzienlijk worden ingeperkt, vooral met betrekking tot heilige plaatsen. Eén inperking, die kenmerkend is voor religies die hun politieke en militaire macht zijn kwijtgeraakt, bestaat eruit om het heilige te vergeestelijken – door het verwijderen van het heilige uit de fysieke ruimte. Als het Heilig Graf in Jeruzalem dus in handen is van moslims, dan wordt Jeruzalem door christenen getransponeerd in het heilige Jeruzalem, eerder het Jeruzalem van de geest dan het aardse Jeruzalem, het Jeruzalem van het vlees. Maar zoals bij de Kruisvaarders het geval bleek, hoe dichter zij Jeruzalem naderden, des te aardser het domein van God voor hen werd. Het zich terugtrekken in het spirituele is één manier waarop de religie omgaat met het heilige.

Een andere inperking wordt bereikt door het heilige een nieuw terrein te geven, een zich ruimtelijk terugtrekken uit het louter heilige naar het heilige der heiligen, waartoe ook het plaatsen van het heilige in het binnenste toevluchtsoord behoort, de ziel. De heilige geografie brengt de wereld, net als de geografie van Parijs, in concentrische cirkels in kaart. De binnenste cirkel is het heilige der heiligen: hoe verder we gaan naar de buitenste cirkel, des te verder we ons verwijderen van het heilige. Deze structuur van het heilige stelt ons in staat, wanneer het menens wordt, ons terug te trekken in de binnenste cirkels en de buitenste cirkels af te doen alsof ze niet meetelden, of nooit echt meetelden. Kortom, het heilige is ingewikkeld gestructureerd en is niet eenvoudig en ondeelbaar.

De psychologie van het heilige

De politiek van het heilige doet zich in de geschiedenis zelden in zuivere vorm voor. Wanneer het gelovigen aan overtuiging ontbreekt, wordt het heilige inhoudsloos. Anderzijds, seculiere ideologieën, vooral het nationalisme, maken zich vaak een voorkeur voor de politiek van het heilige eigen. De versmelting van nationalisme en religie brengt zijn eigen politiek van het heilige voort. De politiek van het heilige, in zuiver religieuze vorm of als een vermenging van religie en nationalisme, staat intrinsiek vijandig tegenover elke vrede die een compromis ten aanzien van de eer van God met zich meebrengt. In de vermenging van nationalisme en religie treffen we de volgende redenering aan: als het voor mij heilig is, is het van mij. Maar eigenlijk bestaat de hele logica van het heilige eruit – als logica hier het goede woord is – dat wat heilig is van jou noch van mij is. Het is het domein van het goddelijke.

Het heilige als de ontkenning van het compromis kan omgekeerd gezien worden als een bevrijdende gedachte die een breed scala aan compromissen toelaat in kwesties die niet heilig zijn. Omdat het heilige het scala van ononderhandelbare zaken reduceert tot een erg kleine lijst, is datgene wat niet op de lijst staat open voor onderhandeling en compromis. Mensen met zekerheden in hun leven zouden flexibeler moeten zijn, en zijn dat in het algemeen misschien ook, dan degenen die het aan zekerheden ontbreekt. Degenen zonder zekerheden aarzelen voortdurend tussen onverzettelijkheid en flexibiliteit ten aanzien van absoluut alles. Dit is zo, maar het is ook waar dat de volgelingen van het heilige vaak verzet bieden tegen het compromis omdat ze vrezen dat ze door het sluiten van een compromis een hellend vlak betreden. Een compromis, elk compromis, ziet er voor de gelovige uit als het accepteren van de eerste premisse op een hellend vlak: je accepteert A (het compromis), waar het opgeven van een zekerheid duidelijk niet toe behoort, maar vervolgens word je via kleine stapjes naar conclusie B gevoerd, waartoe *wel* behoort dat je een zekerheid opgeeft, namelijk een geloofsartikel.

Het gaat hier niet om de logische geldigheid van hellendvlak-redeneringen. Wel aan de orde is de psychologische plausibiliteit van het domino-effect om van de aanvaarding in een compromis van A over te gaan naar de zondige aanvaarding van uiteindelijk B. De psychologische aanname van veel religies, net zoals bij veel ideologieën, is dat de gelovige met betrekking tot robuuste meningen die hij maar weifelend trouw is, zou moeten vermijden om een premisse te aanvaarden die potentieel tot een hellend vlak zou kunnen leiden. Bij deze twee plausibele, elkaar neutraliserende tendensen – zekerheden die de algehele flexibiliteit doen toenemen en zekerheden waardoor de angst dat de gelovige een hellend vlak betreedt toeneemt –, valt moeilijk te voorspellen welke tendens de overhand krijgt. Alles goed beschouwd denk ik dat de angst voor het compromis in het algemeen minder een angst voor een specifiek compromis is dan een angst om de eerste stap op een hellend vlak te zetten. Compromissen hollen de integriteit via onmerkbaar kleine stapjes uit, stapjes op een hellend vlak.

Een revolutionaire tactische terugtocht

De revolutionaire politiek met betrekking tot compromissen, welk compromis dan ook, wordt beheerst door de religieuze visie. De revolutionaire ideologie ziet het compromis als een dodelijke stap op een sterk hellend vlak dat eindigt met een uitverkoop van de revolutionaire doelen. Het compromis met de vijanden van de revolutie tast de intensiteit van het revolutionaire doel aan; een onduidelijk doel is reeds gecorrumpeerd. De term 'rot compromis' stamde, vermoed ik, uit kringen van het revolutionaire socialisme.[5] Revisionisten, fabianisten en sociaaldemocraten zijn allemaal versies van aantastingen van de revolutionaire geest, in de zin dat ze die verraden door hun bereidheid een compromis te sluiten met de uitbuiters.

Toch moeten revolutionairen soms een compromis sluiten. Ze noemen dit 'historische noodzaak'. Om de Sovjet-Unie voor hongersnood te behoeden moest Lenin het op een akkoordje gooien met de boerenstand en hun een vrije markt in landbouwproducten toestaan. Het afstaan van grote stukken Rusland aan Duitsland in het Verdrag van Brest-Litowsk (geratificeerd in 1918) is een ander flagrant voorbeeld van historische noodzaak. Maar zulke compromissen dienen beoordeeld te worden als onvermijdelijke noodzakelijkheden, afhankelijk van wie er namens de arbeiders tekent en niet van wat er wordt getekend.

Het revolutionaire compromis is rot, en valt daarom niet te excuseren door een beroep te doen op historische noodzaak, indien degene die het ondertekent als beschermer van de belangen van de arbeidersklasse niet vertrouwd kan worden. Lenin, aldus de bolsjewieken, mocht compromissen sluiten, want we konden ervan verzekerd zijn dat hij een tactische terugtocht uitsluitend ondernam om de revolutie te redden, en nooit om een strategisch ('historisch') compromis te sluiten. Een compromis uit historische noodzaak is geen historisch compromis: het is slechts een bestand, nooit een vrede.

Gedurende de jaren zeventig bracht Enrico Berlinguer, de toenmalige secretaris van de Communistische Partij in Italië, de notie van een *historisch compromis* (*compromesso storico*) naar voren: het idee om de krachten te bundelen met de conservatieve christendemocraten om de politieke en economische toestand in Italië te stabiliseren. Het was duidelijk dat de uitdrukking 'historisch compromis' geen tijdelijk bestand in de klassenstrijd betekende maar een totale heroriëntatie en een zich aanpassen aan de bestaande orde.

Conceptueel is er voor een historisch compromis in een revolutionaire ideologie geen plaats. Als het compromis eerder historisch dan een strikt tijdelijke noodzaak tot een tactische terugtocht is, dan is wat wordt gecompromitteerd het idee van de revolutie zelf.

Het heilige voedt de politiek met het idee dat een compromis nooit een vrede is maar slechts een bestand. De dialectiek van bestand, vrede en het heilige wordt geïllustreerd in het pact van Hudaybiyya, dat licht werpt (of een schaduw) op de politieke islam van nu. In het jaar 628 organiseerde Mohammed een pelgrimage naar de Ka'aba in Mekka. De Quraysh-stam die op dat moment Mekka in handen hadden, verboden hem naar Mekka op te trekken. Onderhandelingen vonden plaats in Hudaybiyya, wat resulteerde in een beledigend verdrag. Mohammed moest eenieder die zonder de toestemming van zijn bewakers naar zijn kamp kwam rechtsomkeert laten maken, maar iemand die uit Mohammeds kamp naar de Quraysh overliep moest niet worden teruggestuurd. Mohammed kreeg zware kritiek te verduren van zijn meest toegewijde volgelingen. 'Bent u echt de apostel van Allah?' De profeet zei daarop: 'Ja, dat ben ik.' 'Is uw zaak niet rechtvaardig en de zaak van de vijand onrechtvaardig?' Daarop zei hij: 'Ja.' 'Waarom zouden we in onze religie dan onderdanig zijn?'[6] Later verbrak Mohammed het verdrag van Hudaybiyya. Hij weigerde vrouwen over te dragen die zich bij hem hadden gevoegd en waarvan de bewakers verzochten dat hij hen terugstuurde, en was alleen bereid hun bruidsschatten terug te geven.

De geschiedenis van het verdrag van Hudaybiyya is van grote betekenis om de politiek van het heilige en de mogelijkheid tot een compromis daarin te kunnen begrijpen. Het Hudaybiyya-verdrag was een tijdelijk vredesverdrag met de afgodendienaren, en dus een tijdelijke terugtocht in een totale oorlog tegen de afgodendienst. Een compromis bereiken met de afgodendienaren inzake kwesties die betrekking hebben op het heilige, bezoedelt het heilige. Het ondernemen van een pelgrimage naar de Ka'aba is duidelijk iets wat betrekking heeft op het heilige. Mensen teruggeven die zich bij jouw religie hebben aangesloten en hen dus terugsturen naar praktijken van afgodendienst, is iets anders. Bij Hudaybiyya stonden geen wereldse zaken op het spel zoals het terugsturen van verdwaalde kamelen, maar serieuze zaken die aan de grondslagen van het geloof van de Boodschapper raakten.

De elementen van het Hudaybiyya-verdrag zijn de volgende: de Boodschapper van God wordt niet als zodanig herkend door degenen die hem onderweg tegenhouden. Zijn aanhangers vatten dit op als een belediging aan het adres van de Profeet en een diepe vernedering van hun religie. Deze daad van vernedering rechtvaardigt een oorlog of op z'n minst het vermijden van de pelgrimage naar de Ka'aba. Het laat geen compromis toe: de overeenkomst is geen resultaat van dwang. De enige rechtvaardiging van de overeenkomst is haar tijdelijke status, beperkt qua tijdsduur, met geen echte verplichting zich eraan te houden mochten de omstandigheden iets anders mogelijk maken.

Als dit de juiste interpretatie van de geschiedenis is, dan impliceert het dat er geen ruimte is voor een echt vredesverdrag tussen de afgezanten van het heilige, die handelen in naam van God, en de ongelovigen, slechts een beperkt bestand is mogelijk. Ik voeg daar snel aan toe dat dit niet uniek is voor de islam: jodendom en christenheid kunnen vergelijkbare voorbeelden leveren. Wanneer het gaat om het heilige is een compromis dus een bestand en geen vrede. Is dat ook het geval met de moraal, zodat een compromis over wat rechtvaardig is een bestand is en geen permanente vrede?

Rechtvaardiging van vrede

Zoals ik al zei in de inleiding hebben politieke filosofen wel de notie van een blijvende (permanente) vrede behandeld, maar zelden of nooit de notie van een rechtvaardige vrede. De stelling daarbij is dat vrede geen rechtvaardiging behoeft: steeds wanneer een oorlog niet gerechtvaardigd is, is vrede om die reden gerechtvaardigd. Er bestaat een sterke vanzelfsprekendheid ten gunste van vrede, vanuit de voor de hand liggende reden dat vrede de ontkenning van grootschalig geweld is: dit gebruik van geweld vraagt om rechtvaardiging, niet het ontbreken ervan. De vanzelfsprekendheid van vrede kan dus alleen maar worden bestreden met sterke argumenten om die te verwerpen. Niet elk geval van onrecht rechtvaardigt het de vanzelfsprekendheid te bestrijden, want geweld is slecht, erg slecht.

In haar bijzonder verhelderende beschrijving behandelt Frances

Kamm 'op een zeer algemeen niveau' een stelling die wij beiden delen: sommige voorbeelden van onrecht moeten getolereerd worden om te voorkomen dat men zijn toevlucht neemt tot oorlog.[7] Vrede, elke vrede, is gerechtvaardigd zolang de vanzelfsprekendheid van vrede maar niet wordt betwist, dat wil zeggen dat oorlog niet rechtmatig een gewichtige toestand van vrede kan veranderen. De bewijslast ligt bij degene die oorlog bepleit. Een *rechtvaardiging* om van vrede af te wijken, betekent geen *verplichting* ervan af te wijken. Het betekent alleen maar, zoals Kamm terecht opmerkt, *toestemming*, geen verplichting, terwijl de vanzelfsprekendheid ten gunste van vrede een verplichting voorschrijft om de vrede te bewaren, tenzij en totdat daar verzet tegen komt. In zeldzame gevallen wordt de morele vanzelfsprekendheid herzien ten gunste van oorlog en ligt de bewijslast bij degenen die geen oorlog bepleiten. Dit is het geval wanneer het idee van een moraal als zodanig wordt uitgedaagd, zoals in het hitlerisme. In zulke gevallen dienen de landen die neutraal blijven hun standpunt te rechtvaardigen. Het komt ook juist door zulke extreme gevallen – gevallen waarin de vanzelfsprekendheid van vrede wordt herzien, zodat je moet rechtvaardigen waarom je geen oorlog aangaat – dat we de theorie over de rechtvaardige vrede niet moeten zien als louter de keerzijde van de theorie over de rechtvaardige oorlog.

Tot dusver heb ik van twee toestanden melding gemaakt: oorlog en vrede, waarbij vrede de beëindiging van oorlog is, en oorlog het instorten van de vrede. Maar er is een derde toestand, een bestand, een slechts tijdelijke vrede. Mij gaat het om de relatie tussen bestand en permanente vrede: wanneer staat een compromis ons toe – dat wil zeggen in morele zin – om een bestand in een vrede te bestendigen, en wanneer niet?

De politiek van het heilige verschaft ons het idee dat wanneer het op onderhandelen over heilige zaken aankomt, slechts een tijdelijke vrede aanvaardbaar is. Je zou kunnen denken dat de relatie tussen vrede en rechtvaardigheid gevormd moet worden naar het model van de relatie tussen vrede en het heilige. Een conflict over het heilige, net als een conflict over rechtvaardigheid, maakt op z'n hoogst een *bestandstoestand* mogelijk, maar nooit een aanvaarding van *permanente vrede*. In het model van het heilige is vrede onverenigbaar met de aanvaarding van onrecht. Een tijdelijke vrede laat onrecht toe, maar dat mag niet bij een permanente vrede.

Een andere benadering van vrede zegt dat vrede een zekere mate van onrecht moet tolereren, zolang het onrecht realistisch kan worden verholpen met behulp van niet-gewelddadige middelen. Er bestaat geen rechtvaardiging om enige vorm van onrecht via oorlog te herstellen: slechts zeer ernstige gevallen van onrecht bieden een rechtvaardiging om oorlog te voeren, mits de resterende punten van onrecht – die geen oorlog rechtvaardigen – realistisch kunnen worden verholpen via niet-gewelddadige middelen. Bij gelegenheid kan oorlog de meest doelmatige en snelle manier zijn om onrecht ongedaan te maken, maar dit op zich rechtvaardigt niet het gebruik ervan.

Mijn kijk op de relatie tussen vrede en gerechtigheid verschilt van die welke ik zojuist heb verwoord. In mijn visie is het ter wille van de vrede gerechtvaardigd om permanent enkele onrechtvaardigheden te accepteren die niet bedoeld zijn om met geweld uit de weg te worden geruimd, maar die potentieel in oorlog zouden kunnen ontaarden. Irredentisme bezit deze potentie.

Kamm gaat het uitsluitend om oorlog die aan oorlog een einde maakt; mij gaat het ook om manieren die een oorlog beëindigen en tegelijkertijd geen ruimte laten voor een latere hervatting ervan. Bij het transformeren van een bestand in een vrede kan van ons gevraagd worden om rechtvaardigheid voor vrede in te ruilen. Ik wil nu van mijn filosofische, op de werkelijkheid gebaseerde commentaren over gebeurtenissen in verleden en heden even overgaan op een meer gestileerd gedachte-experiment. Dit gedachte-experiment is in zekere zin een nadere uitwerking van Frances Kamms sobere, schematische beschrijving. In het algemeen heb ik weinig fiducie in gestileerde voorbeelden in de filosofie, dus heb ik geprobeerd om de volgende gestileerde voorbeelden zo veel mogelijk op echte gevallen te laten lijken.

Meer dan een generatie geleden viel de roofstaat Grote Hond, zonder enige morele rechtvaardiging de staat Kleine Hond aan. Grote Hond veroverde twee provincies op Kleine Hond: Brood en Boter. Sindsdien heeft het deze twee provincies in bezit gehouden. De veroverde provincie Brood is dicht bevolkt met Kleine Honden, terwijl de provincie Boter een dor land is met een dun gespreide bevolking. De dicht bevolkte provincie Brood is onderworpen aan een zeer hardvochtig militair bewind dat erop neerkomt dat de mensenrechten van de Kleine Honden met voeten worden getreden.

De belangrijkste gebeurtenis in de geschiedenis van Kleine Hond deed zich vele jaren geleden voor in de provincie Boter. Dat was de beroemde Slag van de Adelaren. De provincie Boter bevat ook de belangrijkste historische locatie van het volk van Kleine Hond: een begraafplaats en een speciale gedenkplaats voor de in die slag gevallenen. In de collectieve herinnering van Kleine Hond is er geen gebeurtenis zo belangrijk als de Slag van de Adelaren. Al sinds de bezetting hebben de mensen van Kleine Hond geen toegang gehad tot de begraafplaats en zijn ze niet in staat geweest de slag te herdenken, zoals ze jaren- en dagenlang wel hadden gedaan toen deze nog van hen was. Daarnaast zijn er recent in de provincie Boter enkele ook commercieel veelbelovende aardgasvondsten gedaan.

Deze twee gebieden, de provincie Brood en de provincie Boter, drukken verschillende temporele oriëntaties uit: de provincie Boter is gericht op het verleden (de Slag van de Adelaren) en op de toekomst (de belofte van aardgas); de provincie Brood is gericht op het heden (de op dit moment deprimerende situatie van haar onderdrukte bevolking).

Laten we ervan uitgaan dat Kleine Hond gerechtvaardigd is oorlog te voeren omwille van de bevolking van Brood. Kleine Hond is echter niet gerechtvaardigd te strijde te trekken omwille van Boter, zelfs al vereist de rechtvaardigheid dat de provincie Boter – net als die van Brood – aan Kleine Hond zou worden teruggegeven.

Laten we er ook van uitgaan dat de conditie voor een compromis in de vorm van de mogelijkheid om het terug te krijgen er als volgt uitziet: als Kleine Hond het militair heel goed doet en Grote Hond heel slecht, dan heeft Kleine Hond een kans om de verloren provincies terug te krijgen. Als Grote Hond daarentegen middelmatig presteert, kan het Brood en Boter vasthouden, ongeacht hoe goed Kleine Hond het doet. Toch betekenen Brood en Boter voor de Kleine Honden veel meer dan voor de Grote Honden. Bovendien kan Kleine Hond voor Grote Hond een enorme stoorzender zijn; het kan in de ogen van de wereld Grote Hond bijvoorbeeld pijnlijk in verlegenheid brengen. Ter vermijding van een oorlog die kostbaar is maar wel gewonnen kan worden, en om Kleine Hond als stoorzender uit te schakelen, is Grote Hond bereid met een compromis te komen. Hier zijn de verschillende scenario's voor compromissen die Grote Hond Kleine Hond zou kunnen aanbieden, en de implicaties daarvan.

Scenario 1

Neem Brood of Boter, maar niet allebei. Wat je ook kiest, feitelijk zal je je aanspraak op het niet gekozen alternatief verspelen. Met betrekking tot Brood of tot Boter heb je er geen recht op uiting te geven aan irredentisme. Je zou bijvoorbeeld uit je schoolboeken elke expliciete of impliciete aanspraak op de opgegeven provincie moeten verwijderen. Het opgeven van je irredentisme is voor ons Grote Honden de enige maatstaf van goede trouw bij het afsluiten van een permanente vrede die niet louter een bestand is.

Stel dat Kleine Hond ingaat op het voorgestelde compromis en voor Brood kiest. Dan moet het zijn aanspraak op Boter opgeven en afzien van elke stap om Boter terug te krijgen, inclusief een streven daarnaar via niet-gewelddadige middelen. Dat is lastig. De eis om een terechte aanspraak op te geven is onrechtvaardig. Maar wat is het gewicht van de belofte van Kleine Hond om in de toekomst van zijn daadwerkelijke aanspraken op de verloren provincie af te zien?

Eén antwoord daarop is dat het gewicht van de belofte erg beperkt is. Enerzijds is het slecht om een belofte te breken; anderzijds is het slecht om niet terug te krijgen wat rechtens van jou is. Kleine Hond moet afwegen wat erger is: zijn belofte breken of breken met zijn erfgoed. Kleine Hond behoort te kiezen voor het mindere kwaad: het breken van een belofte aan een tiran lijkt, op het eerste gezicht, een aanzienlijk minder kwaad dan voorgoed iets opgeven wat rechtens van jou is. In deze gedachtegang blokkeert rechtvaardigheid de vrede, en bent je moreel gerechtvaardigd een compromis te aanvaarden als een tijdelijke vrede, in de wetenschap dat het moreel gerechtvaardigd is je belofte weer in te trekken.

Een compromis zoals gesuggereerd door Grote Hond zou door Kleine Hond als een verachtelijk compromis beschouwd moeten worden, een compromis dat je tactisch mag aanvaarden om het later weer te verwerpen. Grote Hond is niet moreel gerechtigd om te verwachten dat de aanvaarding van het aangeboden compromis zal standhouden en dus een permanente vrede zal opleveren.

Merk daarbij op dat Kleine Honds rechtvaardiging om zijn belofte te breken niet betekent dat Kleine Hond moreel gerechtvaardigd is om over Boter oorlog te gaan voeren: bedenk dat Boter alleen het niet rechtvaardigt om oorlog te gaan voeren. Dus waar komt het breken van de belofte wegens irredentisme op neer? Het betekent dat Kleine Hond gerechtigd is om de verloren provincie met alle middelen tot zijn beschikking, afgezien van oorlog, vol overgave terug te winnen: bijvoorbeeld door hard te lobbyen voor het instellen van internationale economische sancties tegen Grote Hond. Ik vermoed dat dit past bij Kamms positie.

Mijn antwoord luidt anders. De belofte om een irredentistische aanspraak op te geven bezit een speciale morele kracht, die veel verder gaat dan de gewone morele kracht om je aan je beloften te houden. Het is een belofte omwille van een permanente vrede. Dit eerbiedwaardige ideaal schenkt de belofte een speciale bindende kracht: we willen niet leven in een wereld waar een vredesovereenkomst niets meer is dan een staakt het vuren; we willen dat een vredesovereenkomst bindender is dan andere gewone overeenkomsten, vanwege ons immense belang bij vrede. Het tekenen van een overeenkomst ter wille van de vrede, zelfs als er onrechtvaardige condities deel van uitmaken, heeft een sterke bindende kracht niet alleen voor degenen die het tekenen, maar ook voor toekomstige generaties. Een kwalijk compromis zoals voorgesteld door Grote Hond zou, als het werd getekend, gerespecteerd moeten worden.

Net als hiervoor biedt Grote Hond Kleine Hond Brood of Boter aan, maar niet beide. In tegenstelling tot in het voorgaande geval kiest Kleine Hond voor het dorre land met zijn glorieuze verleden en rooskleurige toekomst met gas, met voorbijgaan aan de bevrijding van zijn onderdrukte bevolking die voortdurend wordt vernederd en wreed wordt behandeld. Dit is een rot compromis. Kleine Hond zou zo'n overeenkomst niet mogen tekenen. Op een eigenaardige manier zijn het de Kleine Honden die het rot maken: ze hadden kunnen kiezen voor de kwalijke overeenkomst van het voorgaande compromis. Het is rot omdat het een toestand erkent en in stand helpt houden die gebaseerd is op wreedheid en vernedering. Het is een compromis dat het daglicht niet kan verdragen. Maar als het wel doorgaat, staat het de volgende generatie van Kleine Hond dan vrij om de overeenkomst te herroepen, deze rot te verklaren en zijn morele rechtvaardiging te hervinden om ten behoeve van Brood oorlog te gaan voeren? Mijn antwoord daarop is nee.

Door te kiezen voor Boter terwijl Brood werd aangeboden, verloor Kleine Hond zijn rechtvaardiging om later oorlog te gaan voeren. Het kan zijn dat de situatie in de provincie Brood zo ellendig is dat tussenkomst van buiten in Brood gerechtvaardigd is op humane gronden, maar Kleine Hond bezit in deze kwestie geen speciale morele positie. Die verloor het door een rot compromis te tekenen.

Grote Hond biedt Kleine Hond de provincie Boter aan, op voorwaarde dat alle irredentistische activiteit met betrekking tot de provincie Brood onmiddellijk wordt gestaakt. Bedenk dat het Brood is dat rechtvaardigt dat Kleine Hond ten strijde trekt, maar Brood is hier niet het aanbod. Gezien dit feit, hoe moreel anders is dan dit scenario voor Kleine Hond dan het vorige waarin Brood werd aangeboden? Wat is de bindende kracht van de belofte van Kleine Hond om in de 'mede-belofte' (*co-promise*) elke aanspraak op Brood voor de toekomst te laten varen? Laat ik twee antwoorden daarop bespreken.

Eerste antwoord: onttrek aan de agressor al het mogelijke zonder oorlog te voeren, in dit geval namelijk Boter. Wacht op een gelegenheid om een punt te zetten achter je belofte en blijf proberen Brood terug te krijgen, zo nodig via een oorlog. Je zit niet fout als je je belofte breekt tegenover een agressor die jouw mensen onderdrukt. Het vooruitzicht om het gas van Boter in de toekomst te exploiteren is een erg goede reden voor Kleine Hond om te accepteren wat geboden wordt, omdat het onder meer zijn kansen om Brood via een oorlog terug te krijgen vergroot.

Tweede antwoord: het juiste ding om te doen, vanuit een moreel gezichtspunt, is om Grote Honds aanbod onvoorwaardelijk af te slaan en een onbetwijfelbaar recht tot het voeren van oorlog over Brood te behouden. Als je echter kiest voor het kwalijke compromis (kwalijk en niet rot omdat Brood niet werd aangeboden), dan dien je je te houden aan de belofte om ter wille van de vrede Brood geheel op te geven. Dit is waar, mits de uitbanning van wreedheid en vernedering voor jouw mensen in Brood tot de overeenkomst behoort. Als je vernedering en wreedheid niet kunt uitbannen, teken dan niet, omdat het duidelijk een rot compromis is.

We kunnen verder blijven spelen met nog ingewikkelder combinaties, maar de algemene strekking mag nu wel duidelijk zijn. We hebben te maken met twee conflicterende intuïties: in de ene is vrede gebaseerd op een compromis gerechtvaardigd, zelfs als er slechts gedeeltelijke rechtvaardigheid wordt verleend, zolang Kleine Hond het recht en het vermogen behoudt om te strijden voor de nog resterende rechtvaardigheid en een goede kans bezit om die tot stand te brengen.

In een andere intuïtie, de mijne, is vrede gebaseerd op een compromis gerechtvaardigd zelfs als Kleine Hond voor dat ideaal de oorlog, of zelfs een niet-gewelddadige strijd, op moet geven. Dit is gerechtvaardigd omdat het rationele angsten voor een toekomstig gewelddadig irredentisme wegneemt. Het is het offer van enige rechtvaardigheid omwille van de vrede. Deze tweede intuïtie speelt vrede op een radicale wijze uit tegen rechtvaardigheid. Zij is bereid voorgoed met gedeeltelijke rechtvaardigheid genoegen te nemen, mits dit wordt gedaan ter wille van een permanente vrede. Dit is een ware botsing tussen vrede en rechtvaardigheid.

Rechtvaardigheid en stabiliteit

Een uitzonderlijk belangrijke verhandeling over vrede is Keynes' *The Economic Consequences of the Peace* (1920), dat werd geschreven in de zeer specifieke context van het vredesverdrag van Versailles. Toen hij de volgende passage schreef dacht Keynes zowel aan vrede als aan rechtvaardigheid: 'De opgave van de vredesconferentie is om verplichtingen na te komen en de rechtvaardigheid te bevredigen: *maar niet minder* om leven te herstellen en wonden te helen' (mijn curs.).[8] Zoals ik Keynes lees, zou de frase 'maar niet minder' vervangen moeten worden door 'maar nog meer'. Keynes was boven alles geïnteresseerd in de stabiliteit van de vrede. Een Carthaagse vrede[9] in Europa zou niet alleen onrechtvaardig zijn, maar zou, belangrijker nog, instabiel zijn. De vraag die ik opwerp is: welke prijs moeten we in termen van rechtvaardigheid betalen ter wille van een stabiele vrede? De stabiliteit van de vrede lijkt een empirische vraag te zijn, en dat is het ook. Maar deze zou ook moeten gaan om de zuiver normatieve theorie.

Laten we terugkeren naar ons kleine gedachte-experiment. Dit veronderstelt dat Grote Hond nauwelijks geïnteresseerd is in rechtvaardigheid als zodanig, maar erkent dat een sterk gevoel van onrechtvaardigheid bij het slachtoffer een krachtig motief is om het veroverde te gaan destabiliseren. Dus is Grote Hond bereid het minimum aan rechtvaardigheid aan te bieden dat nodig is om het vooruitzicht van oorlog af te wenden. Grote Hond wil niet simpelweg de absoluut maximale verovering behouden, maar wil de maximale verovering die nog te combineren valt met stabiliteit op de lange duur. Uit voorzichtigheid heeft Grote Hond geen intens belang bij een bestand maar bij een permanente vrede: een erkende permanente vrede dient zijn langetermijnbelangen het best. Kleine

Hond weet dat het de grootste kans maakt door moreel superieur te zijn, omdat sympathie van de wereld voor zijn zaak het beste wapen tegen Grote Hond is. We kunnen zeggen dat de partij van Kleine Hond, om welke reden dan ook, meer geeft om moraal, zelfs al gaat het daar op zich niet om.

In ieder geval is het perspectief dat we tot dusver hebben behandeld met betrekking tot de normatieve relatie tussen vrede en rechtvaardigheid het perspectief van Kleine Hond. De vraag die ik blijf stellen is deze: wat moet Kleine Hond opofferen ter wille van een permanente vrede? Het lijkt buitengewoon oneerlijk om deze vraag tot de Kleine Honden te richten. Het is oneerlijk om alleen maar aan de slachtoffers morele eisen te stellen, in plaats van de vraag aan de orde te stellen wat je ter wille van de vrede met de rovende vijand zou moeten doen. Waarom niet aan de Grote Honden de vraag stellen wat ze voor vrede moeten opofferen? De reden dat ik niet het perspectief van de Grote Honden aan de orde stelde, is dat het oninteressant is. De morele eis aan Grote Hond is helder en duidelijk: omwille van de vrede en omwille van de gerechtigheid zou Grote Hond Brood en Boter aan Kleine Hond terug moeten geven. Dit is zo duidelijk en zo doodeenvoudig rechtvaardig dat er niets zinnigs aan valt toe te voegen.

De morele eis aan Kleine Hond is echter minder helder en minder duidelijk, en daarom interessanter: in de confrontatie met Grote Hond ben je gerechtigd om oorlog te gaan voeren om Brood en Boter terug te krijgen. Als Brood je wordt aangeboden (de moreel rechtvaardigende reden voor oorlog), met een optie om Boter later terug te krijgen door middel van niet-gewelddadige middelen, moet je geen oorlog gaan voeren. Als Brood je wordt aangeboden, maar op voorwaarde dat je elke strijd, gewelddadig of niet, opgeeft, mag je het aanbod moreel afwijzen, ook al geldt je morele rechtvaardiging om oorlog te gaan voeren alleen Brood en niet Boter. Maar als je de voorwaarden van het Boter-voor-Brood-compromis in z'n geheel accepteert, is het compromis moreel bindend: het is bindend omdat het voor een erg goede zaak is – ter wille van de vrede. In tegenstelling tot oorlog is vrede heel veel offers waard.

HOOFDSTUK 4

Compromis en politieke noodzaak

Het probleem

Een rot compromis is een overeenkomst om een regime van wreedheid en vernedering te vestigen of in stand te houden – kortom een onmenselijk regime, in de letterlijke zin van onmenselijk: ongeschikt voor mensen. Regime heeft twee betekenissen: de ene verwijst naar het regeren, de andere naar een vast gedragspatroon. Een rot compromis heeft hoofdzakelijk te maken met een rot gedragspatroon, en alleen in afgeleide zin met de overheid die voor het creëren van zo'n patroon verantwoordelijk is.

Niet elk compromis met een rot regime is rot. Een compromis is alleen maar rot wanneer het een onmenselijk regime tot stand brengt of in stand houdt. Het 'of' is niet-exclusief. Een overeenkomst zou beide dingen kunnen doen: tot stand brengen en in stand houden. Maar als een overeenkomst met een onmenselijk regime het regime tot stand brengt noch in stand houdt, is de overeenkomst niet rot.

Noord-Korea is een onmenselijk regime. Maar het is heel goed mogelijk dat op de lange duur handelsovereenkomsten met Noord-Korea de greep van het regime verzwakken, terwijl een embargo en isolement het in stand helpen houden en het zelfs nog onmenselijker maken.

Je zou denken dat een rot regime het best zelf kan beoordelen waar het baat bij heeft. Als het regime de overeenkomst wil, is dit een zeker teken dat dit helpt om overeind te kunnen blijven. Dat hoeft echter niet noodzakelijk zo te zijn. Een regime kan een overeenkomst willen om een dringend kortetermijnprobleem op te lossen, terwijl op lange termijn de overeenkomst zijn greep ondermijnt. Bedenk daarbij dat de lange termijn niet de tijdsduur van de woestijngeneratie mag overschrijden.

In het geval van het naziregime maakte ik daarop een uitzondering door de overheid de voornaamste drager van rotheid te maken, omdat die overheid zich in dienst had gesteld van de bevordering van het *radicale* kwaad. In haar verstrekkende racisme ontkende zij het idee van gedeelde menselijkheid en ondermijnde daardoor het idee van een moraal als zodanig. Maar zelfs in het geval van nazi-Duitsland was niet elke mogelijke overeenkomst met zijn heersers op zichzelf rot. Ik heb al vermeld dat op 25 april 1944 Adolf Eichmann, namens het oppercommando van de ss, een aanbod deed onder het mom 'Bloed voor vrachtwagens', waarvan de essentie was om één miljoen Joden te ruilen voor tienduizend vrachtwagens. Dat wil zeggen: de Hongaarse Joden konden vertrekken en zo gered worden, in ruil daarvoor moesten de geallieerden ervoor zorgen dat nazi-Duitsland vrachtwagens kreeg. De geallieerden sloegen het aanbod af, met goede redenen, maar morele rotheid was er daar niet een van. Mocht de deal zijn aanvaard, dan zou deze vele mensen voor vernedering en vernietiging hebben gespaard.

Ik liet de uitdrukking 'rot compromis' vergezeld gaan van een nadrukkelijk voorbehoud: een rot compromis is een overeenkomst die vermeden zou moeten worden, *wat er ook gebeurt*. Maar bestaan er geen omstandigheden die de 'wat er ook gebeurt'-clausule overstijgen, omstandigheden die ons dwingen rotte compromissen te tolereren? We kunnen met reden denken dat het aanvoeren van een noodzaak, die misschien lijkt op die waarmee we zelfverdediging rechtvaardigen, het mag rechtvaardigen om een rot compromis te tekenen. Als dit zo is, welke noodzaak, zo die er al is, zou het dan *rechtvaardigen* om een rot compromis te sluiten?

Mijn antwoord is, dogmatisch geformuleerd: niets. Maar dan kunnen we ook een andere vraag stellen: kan 'politieke noodzaak' het afsluiten van een rot compromis eerder *excuseren* dan *rechtvaardigen*? Rechtvaardiging doet dienst als pleidooi voor rechtvaardiging voorafgaand aan de daad. Excuses dienen als een pleidooi voor vergeving na de daad. In het geval van excuses zeggen we in wezen: We hebben het gedaan. Het is echt slecht, maar er was geen alternatief. Wat we deden was uit noodzaak. U moet ons vergeven of op z'n minst begrijpen. (Per slot van rekening zou u in onze plaats niet anders hebben gehandeld.)

Twee verduidelijkingen zijn hier aan de orde betreffende mijn gebruik van 'politieke noodzaak'. Met het toevoegen van 'politiek' om 'noodzaak' te kwalificeren verwijzen we naar collectieve besluiten of naar besluiten namens een collectief, eerder dan naar individuele besluiten met betrekking tot privézaken. Met 'noodzaak' bedoel ik geen metafysische noodzaak maar eerder een situatie waarin geen redelijk alternatief overblijft. Een gebrek aan redelijke alternatieven sluit geen onredelijke alternatieven uit, die, hoewel onredelijk, niettemin ontologische mogelijkheden zijn. Zo is er bijvoorbeeld in elke situatie waarin een keuze gemaakt moet worden tussen het ene dan wel het andere ding doen, bijna altijd een 'schaduw'-mogelijkheid om collectief zelfmoord te plegen, waardoor de noodzaak om tussen beide te kiezen wordt vermeden. Maar collectieve zelfmoord kan nauwelijks beschouwd worden als een redelijk alternatief. Collectieve zelfmoord is een ontologische mogelijkheid, maar slechts zelden is het ook een politieke mogelijkheid.

Noodzaak en dwang

Noodzaak – als er geen redelijke alternatieven resteren – komt in de buurt van een belangrijke betekenis van dwang: dwang als een toestand waarin, als er geen redelijke alternatieven resteren, wij tegen beter weten in doen wat anderen willen dat we doen. De nauwe relatie tussen dwang en politieke noodzaak werpt een probleem op, omdat een op dwang gebaseerde overeenkomst geen compromis is. Gedwongen zijn om in te stemmen met een onmenselijk regime is geen compromis, en tegelijkertijd ook geen rot compromis. Van noodzaak gebruik maken ter rechtvaardiging of verontschuldiging kan rechtvaardigen noch verontschuldigen, want noodzaak betekent dwang en dwang ondermijnt het idee van compromis.

De sprong maken van noodzaak naar dwang en van dwang naar geen compromis en van geen compromis naar geen rot compromis is net iets te makkelijk. Het ontslaat ons niet van de noodzaak om de relatie tussen compromis en noodzaak uit te zoeken. Daartoe hebben we behoefte aan een onderscheid en een perspectief. Hier is het onderscheid: een rot compromis heeft een *actieve* partij en een *passieve* partij. De actieve partij brengt wreedheid en vernedering toe, terwijl de passieve partij ermee instemt. Om het eenvoudiger te maken zal ik veronderstellen dat er bij een compromis maar twee partijen horen.

Er zijn twee typen passieve partijen: een *stilzwijgende partner* en een *slapende partner*. Een stilzwijgende partner legt feitelijk niet het onmenselijke regime van wreedheid en vernedering op, maar helpt het op te leggen, in de eerste plaats door de overeenkomst te tekenen en vervolgens door te helpen bij de implementatie. Een stilzwijgende partner zal bijvoorbeeld de slachtoffers overdragen en het aan de actieve partij overlaten om de slachtoffers onmenselijk te behandelen. Een slapende partner neemt daarentegen niet actief deel aan iets anders dat het tekenen van de rotte overeenkomst.

Ten aanzien van de slapende partner zouden we moeten onderscheiden tussen een partner wiens handtekening een noodzakelijke voorwaarde is om een rot regime te vestigen en een die door het tekenen van een rot compromis de actieve partij helpt, maar zonder dat zijn bijdrage van vitaal belang is voor de politiek van de actieve partner. Het helpt de actieve partner bijvoorbeeld om legitimiteit te verwerven, maar de actieve partner zou het rotte regime met of zonder de toestemming van de passieve partner ook hebben geïnstalleerd.

Er bestaat echter nog een ander onderscheid tussen een actieve en een passieve partner. We hebben berichten gehoord over speciale uitleveringsverdragen waarbij de CIA meer dan honderd verdachten kidnapte en voor verhoor naar andere landen overbracht (voornamelijk naar Egypte, maar ook naar Syrië, Marokko, Jordanië en Oezbekistan). Volgens deze berichten werd 'marteling bij volmacht' stelselmatig toegepast. Als dit waar is, dienen we de Verenigde Staten niet als een stilzwijgende partner in zulke uitleveringsverdragen te beschouwen, maar als een actieve – ondanks het feit dat het toedienen van marteling, wreedheid en vernedering werd uitbesteed. De aanstichter, de Verenigde Staten, en de onderaannemer moeten beiden beschouwd te worden als actieve partij.

Het onderscheid tussen een actieve partij en een passieve partij vertelt ons niet wie baat heeft bij het bedreven kwaad. De actieve partij in het bedrijven van de apartheidspolitiek in Zuid-Afrika bestond bijvoorbeeld uit een betrekkelijk klein aantal blanken, maar het aantal blanke slapende partners dat van de apartheidspolitiek profiteerde en deze ondersteunde was groot. Daarentegen was het aantal actieve plegers in de genocide van Rwanda op de Hutu's groot, maar het aantal dat ervan profiteerde was erg gering.[1]

Ik zou meer epicycli kunnen toevoegen aan het onderscheid tussen passieve en passieve partijen, waarvan sommige behoorlijk nuttig zijn, maar om het simpel te houden zal ik bij een rot compromis hoofdzakelijk uitgaan van het ruwe onderscheid tussen een actieve partij en een passieve partij. De actieve partij is rot in wat zij doet (wreedheid en vernedering), de passieve partij om wat zij goedvindt dat in haar naam kan worden gedaan.

Ik kies voor het perspectief van de passieve partner. Dat is een beter perspectief om de morele status van een rot compromis te kunnen bespreken. Het vertelt ons was er verkeerd is aan een rot compromis als zodanig, namelijk als een *instemming* met een regime van wreedheid en vernedering, zonder dat dit overgaat in het *plegen* van wreedheid en vernedering door de actieve partij.

Het zuiverste en lastigste geval voor ons is het categorische gebod 'Gij zult wat er ook gebeurt geen rot compromis tekenen' in het geval van een slapende partner. Het is lastig omdat de instemming van de slapende partner niet geacht wordt enig verschil uit te maken voor het installeren van het regime van wreedheid en vernedering. Toch vragen we de slapende partner zo'n overeenkomst niet te tekenen en alle mogelijke consequenties daarvan te aanvaarden.

Laten we nu, voorzien van het onderscheid tussen actieve en passieve partners in een rot compromis, terugkeren naar de kwestie van de relatie tussen noodzaak en dwang. Een compromis is een niet-afgedwongen overeenkomst. Per definitie wordt de passieve partij bij een rot compromis dus niet gedwongen door de actieve partij. Toch kan de passieve partij met een situatie te maken krijgen die gevaarlijk dicht in de buurt komt van dwang. Laat ik eerst de situatie schematisch presenteren en vervolgens met een substantieel historisch voorbeeld komen.

A voert een oorlog op leven en dood met B. A gelooft dat het de hulp van C heel hard nodig heeft om B te weerstaan. C is een bedreigend regime. C biedt A hulp aan, alleen en alleen dan wanneer A D aan C overdraagt. C zou D onderdrukken door het te onderwerpen aan een regime van wreedheid en vernedering. A weet heel goed wat D in de handen van C te wachten staat. C dwingt A niet om zijn rotte aanbod te accepteren, maar de oorlogssituatie met B doet A beseffen dat er geen alternatief is dan een rot compromis met C te aanvaarden.

Volgens mij maakt C misbruik van de kwetsbaarheid van A, maar dwingt het A niet om het rotte compromis te accepteren. De reden is dat met het aanbieden van de optie om A's bondgenoot te worden C de situatie van A niet slechter maakt dan deze al was voordat het rotte aanbod werd gedaan. Het feit dat C de relatieve toestand van A niet verslechtert, betekent dat C, althans in technische zin, A niet dwingt, maar het komt behoorlijk dicht bij dwang in de buurt wanneer A meent geen redelijke alternatief te hebben dan een rot compromis te aanvaarden en D voor onmenselijke behandeling aan A over te dragen.

Een substantieel voorbeeld

Het essentiële voorbeeld voor mijn bespreking van de relatie tussen politieke noodzaak en een rot compromis is het Verdrag van Jalta (van februari 1945). Ik verdeel het Verdrag van Jalta in tweeën, waarbij ik uit deze overeenkomst twee essentiële voorbeelden put. Het eerste deel gaat over de gedwongen repatriëring van Sovjetsoldaten en -burgers naar de Sovjet-Unie. Het tweede deel betreft de overeenkomst die onderdrukkend Sovjetbestuur over Midden- en Oost-Europa goedkeurt.

Je zou als bezwaar daartegen kunnen inbrengen dat de formulering van het Verdrag van Jalta niets zegt over gedwongen repatriëring of over welke onderdrukking dan ook. In tegendeel, Stalin verplichtte zich in Jalta tot een bepaling die zegt dat 'de bevrijde volkeren hun eigen regeringsvorm vrijelijk konden kiezen'.[2] Evenzo vermeldt het Verdrag van Jalta repatriëring, maar geen gedwongen repatriëring. Je zou, ten onrechte volgens mij, kunnen concluderen dat deze twee gebeurtenissen, de gedwongen repatriëring en de onderwerping van Midden- en Oost-Europa, in feite schendingen van de overeenkomst waren. In technische zin mag dit waar zijn, maar voor beide partijen was het heel duidelijk dat 'de deal' achter de formulering van de overeenkomst lag. 'De deal' was op beide onderdelen rot: gedwongen repatriëring en de facto erkenning van Stalins bewind over Midden- en Oost-Europa.

Mijn belangstelling gaat meer uit naar 'de deal' dan naar de formulering van het Verdrag van Jalta. Ik ben minder geïnteresseerd in het Verdrag van Jalta in de technische betekenis van die term, al speelt de formulering een rol in de beoordeling van hoe rot een deal is. Het eerste deel, repatriëring, is een deal tussen een actieve partner, de Sovjet-Unie, en een stilzwijgende partner, de westerse geallieerden. Het tweede deel, dat gaat over het Sovjetbewind in Oost- en Midden-Europa, is tussen een actieve partner, de Sovjet-Unie, en een slaperige partner, de westerse geallieerden. We dienen te onderzoeken of het onderscheid tussen een stilzwijgende en een slaperige partner bij een rotte overeenkomst moreel van belang is.

Omdat het hier gaat om een substantieel voorbeeld, wil ik een eerdere opmerking herhalen: ik beschik over goede argumenten dat de Tweede Wereldoorlog zeer belangrijke voorbeelden oplevert. De Tweede Wereldoorlog is voor de moraal wat de deeltjesversneller is voor de fysica: extreme morele ervaringen en waarnemingen kwamen voort uit botsingen van hoge energie. Aan de Tweede Wereldoorlog namen zowel strijdenden als burgers op grote schaal deel. In de bloedige Eerste Wereldoorlog waren slechts tien procent van de slachtoffers burgers; in de Tweede Wereldoorlog steeg dat aantal naar vijftig procent. De Tweede Wereldoorlog was inderdaad een wereldoorlog. Bij de Tweede Wereldoorlog was het gros van de mensheid betrokken. Hij is dus een vruchtbaar terrein voor het testen van extreme oorlogsomstandigheden (de mate van burgerbetrokkenheid) en van het besef van gedeelde menselijkheid in een oorlog waarbij het gros van de mensheid betrokken was.

Een wereldoorlog is een vuurproef voor het idee van gedeelde menselijkheid, een idee waarop de moraal is gebaseerd. De beoefenaren van de theorie van een rechtvaardige oorlog bedienen zich maar erg weinig van duidelijke voorbeelden van een rechtvaardige oorlog. De oorlog van de geallieerden tegen nazi-Duitsland is een van die weinige duidelijke gevallen. Met 'rechtvaardig' bedoel ik het rechtvaardig aan een oorlog gaan deelnemen (*jus ad bellum*), eerder dan het rechtvaardig oorlogvoeren (*jus in bello*) of de rechtvaardige afsluiting van de oorlog (*jus post bellum*). De conferentie van Jalta vond plaats tijdens de oorlog, maar ging hoofdzakelijk over het einde van de oorlog.

De intense betrokkenheid en het gevecht met het kwaad in de oorlog vraagt erom dat we sommige keuzes in de oorlog als tragisch zien, in de Griekse interpretatie van 'tragisch' als betrekking hebbend op zaken van kwaad en noodzaak. De logische vraag is dus of noodzakelijke rotte compromissen met betrekking tot de oorlog tragische keuzes waren.[3] Het is niet mijn bedoeling Churchill de rol van tragische held toe te delen, daarvoor was hij te onbesuisd en te triomfantelijk. Bovendien zag hij er nooit uit als iemand die door het noodlot schaakmat was gezet. Hij zag er eerder uit als iemand die het noodlot in het nauw had gedreven. Churchill maakte enkele nobele keuzes: in z'n eentje opstaan tegenover Duitsland na de ineenstorting van Frankrijk was misschien zijn *finest hour*. Maar hij maakte ook enkele rotte keuzes: de lukrake luchtbombardementen op Duitse steden, die honderdduizenden burgers het leven kostte, was misschien de meest rotte. Churchill was een held, ook al was hij qua temperament geen tragische held en zijn we hem veel verschuldigd. Hij zorgde ervoor dat in het morele universum vrijelijk kon worden gediscussieerd. Dankzij hem kijken we ook scherper naar het Verdrag van Jalta om te zien of het een rot compromis was gebaseerd op een tragische keuze, of dat het tot op het bot rot was.

De lekkerste soep wordt al door één kakkerlak geheel bedorven.[4] Het slaat nergens op te zeggen dat de soep heerlijk is en de kakkerlak niet te willen zien. Houden compromissen de logica van de kakkerlak in de soep aan, zodat een compromis al door één rotte clausule voorgoed is bedorven? Of houden compromissen in plaats daarvan de logica van de vlieg in de zalf aan, waarbij een rotte clausule in een compromis er een compromis met een smet van maakt, maar niet zo volledig om het als rot te kwalificeren?

Laten we twee overeenkomsten vergelijken: een *zalf-overeenkomst* en een *kakkerlak-overeenkomst*, Versailles en Jalta. Het Verdrag van Versailles dat officieel de Eerste Wereldoorlog beëindigde was niet zozeer een compromis tussen de geallieerden en Duitsland als wel een compromis tussen de Verenigde Staten en de geallieerden in Europa, met betrekking tot de voorwaarden die Duitsland moesten worden opgelegd.

De Fransen bepleitten harde voorwaarden, de Amerikanen relatief milde voorwaarden, en de Britten namen een middenpositie in. Er bestaat geen twijfel dat Clemenceau, die Frankrijk vertegenwoordigde, niet alleen strafbepalingen bepleitte om territoriaal wraak te nemen, maar ook om Duitsland te vernederen. De clausule over de schuld aan de oorlog (artikel 231), die vereiste dat Duitsland de enige verantwoordelijkheid voor de oorlog op zich nam en alle schade die de burgerbevolkingen van de geallieerden was berokkend zou goedmaken, was een uiting van Clemenceaus houding die een plaats kreeg in het verdrag.[5]

Maar nationale vernedering, zoals de vernedering van Duitsland in het Verdrag van Versailles, is niet de soort vernedering die een verdrag rot maakt. Het verdrag creëerde geen regime waarin de Duitsers werden behandeld als niet tot het menselijk ras behorend – de rotte betekenis van vernedering. Het behandelde Duitsland als een verslagen en te schande gemaakte natie, maar niet als een gemeenschap van ontaarde menselijke wezens. Naar mijn mening is de clausule over de schuld aan de oorlog een vlieg in de zalf. Daardoor vertoont het verdrag een smet, maar het diskwalificeert het verdrag niet als geheel, terwijl vernedering in de sterke betekenis van menselijke ontering hierin verschilt van louter sociale vernedering dat het een kakkerlak in de soep is en niet alleen een vlieg in de zalf. Een rotte clausule die menselijke wezens uitsluit van het menselijke domein ondermijnt de morele status van een overeenkomst, want vernedering in de sterke betekenis tast de moraal op zichzelf aan.

In tegenstelling tot Versailles aanvaardde het Verdrag van Jalta,

samen met de overeenkomsten van Teheran en Potsdam, het stelselmatig wrede en vernederende bewind van Stalin over Oost-Europa.
Het accepteerde een bewind van menselijke vernedering onderscheiden van louter sociale vernedering. Dat maakte het Verdrag
van Jalta rot.

Doet het er moreel toe of een rot compromis wordt gesloten voor
een rechtvaardige oorlog of voor de vrede? Het Verdrag van Jalta is
ideaal om deze netelige kwestie te testen, omdat het de ingrediën-
ten van zowel oorlog als vrede bevat. De overeenkomst werd gedurende de oorlog gesloten deels om, tot aan een totale overwinning,
een rechtvaardige oorlog tegen Duitsland vol te kunnen houden,
maar ze werd ook gesloten met het oog op een toekomstige vrede
in het naoorlogse Europa.

Historische voorbeelden zijn van nature wat verwarrend. Maar
ze vormen een belangrijke *reality check* voor de politieke moraal.
Als reality check zijn historische voorbeelden te verkiezen boven
gestileerde voorbeelden die in filosofische gedachte-experimenten
worden gebruikt. Een *reality check* is vooral belangrijk wanneer men
zich beroept op noodzakelijke argumenten om morele verplichtingen te neutraliseren.

Het idee is dat we altijd denkbeeldige situaties met zulke vreselijke gevolgen kunnen oproepen dat onze diepst gewortelde morele
verplichtingen zo worden overweldigd dat we bereid zijn elke moreel gebod op te geven om maar de verschrikking die ons wacht te
voorkomen. Het is een cliché dat erge gevallen slechte wetten tot
gevolg hebben. Bedachte zaken zorgen voor nog slechtere wetten.[6]

Operatie Kielhalen

Operatie Keelhaul is een codenaam voor een operatie die werd
uitgevoerd door Amerikaanse strijdkrachten in mei en juni 1945.
In strikte zin bestond zij uit de gedwongen overdracht van Sovjet-
oorlogsvluchtelingen in Oostenrijk aan de Sovjets. In ruimere zin is
het echter een benaming voor de totale gedwongen repatriëring van
oorlogsgevangenen en burgers naar de Sovjet-Unie. Julius Epstein
schrijft: "'Operatie Keelhaul' is de codeaanduiding die het Ameri-

kaanse leger gaf aan zijn eigen – *top secret* – documentatie van de gedwongen repatriëring van op z'n minst twee miljoen oorlogsgevangenen en ontheemden naar Stalins beulen en strafkampen.[7]

De codenaam 'Keelhaul' is veelzeggend. De term is afkomstig van de kwalijke bestraffingspraktijk die vroeger voorkwam op de Britse en Hollandse vloot waarbij het slachtoffer met touwen onder het schip werd doorgehaald, 'gekielhaald', met niet veel kans om dit te overleven. Om de operatie 'Keelhaul' te noemen duidt er sterk op dat degenen die de operatie planden wisten wat de arme slachtoffers te wachten stond. Alexander Solzjenitsyn noemde het 'het laatste geheim van de Tweede Wereldoorlog' en Nicholas Bethell noemde zijn zeer nuchtere boek over dat onderwerp *The Last Secret*. Volgens Solzjenitsyn en Bethell wijst het feit dat het *'top secret'* is gebleven lang nadat alle andere geheimen van de oorlog waren onthuld erop dat de gedwongen repatriëring zo schandelijk was dat zowel Groot-Brittannië als de Verenigde Staten het nodig achtten om het zo lang mogelijk verborgen te houden.[8]

Maar zowel Solzjenitsyn als Bethell hadden ongelijk dat dit het laatste geheim was. Als geheim stelde het weinig voor. Met zijn feilloze morele radar had George Orwell reeds in 1946 de geschiedenis van deze verachtelijke repatriëring opgetekend, hoewel zonder veel van de details die later aan het licht kwamen. Wat echter wel waar is, al was het dan niet het laatste geheim, is dat het misschien wel het laatste was wat de westerse geallieerden publiekelijk toegaven, omdat ze het vreselijk pijnlijk vonden en sommigen zich er oprecht over schaamden.[9]

Het Verdrag van Jalta maakt geen melding van het gebruik van dwang in de wederzijdse repatriëring. Toch bestaat er geen twijfel dat alle partijen bij het Verdrag van Jalta – samen met twee bilaterale overeenkomsten tussen de Verenigde Staten en de USSR en één tussen het Verenigd Koninkrijk en de USSR – al in Jalta waren overeengekomen dat alle krijgsgevangenen en burgers gerepatrieerd zouden worden, met of zonder hun instemming. Bovendien koesterden de geallieerden geen illusies over wat de gedwongen repatriëring inhield. De voor de hand liggende vraag is dus deze: was het Verdrag van Jalta een rot compromis, om geen andere reden dan dat het menselijke wezens overdroeg naar stelselmatige wreedheid en vernedering?

Voor Alexander Solzjenitsyn is dit een retorische vraag die hij combineert met zijn eigen zoeken naar de militaire en politieke redenen om deze honderdduizenden Sovjetburgers onder Stalin de dood te laten vinden.[10] (Sommigen van degenen die gedwongen werden teruggestuurd waren trouwens zelfs geen Sovjetsoldaten of Sovjetburgers; ze waren nazaten van de verslagen contrarevolutionaire kozakken, die de Sovjet-Unie reeds na de Eerste Wereldoorlog waren ontvlucht.)

Voor Hugh Trevor-Roper is de vraag echter niet retorisch maar tragisch, een kwestie van kiezen tussen politieke noodzaak en moraal. Hij is zich sterk bewust van de neiging om noodzaak en moraal te laten samenvallen: 'In de context van de tijd werden ze misschien moreel beoordeeld. Want de mensen zijn niet tevredengesteld met noodzaak: ze moeten het moreel rechtvaardigen – soms met een valse moraal die de echte noodzaak nog zal overleven.' Hij legt vervolgens uit: 'De echte *noodzaak* in deze geschiedenis was de alliantie tussen Sovjet-Rusland en het Westen, die als enige, na de fouten van beide partners in de jaren dertig, Duitsland kon verslaan en het nazisme vernietigen.'[11]

Trevor-Roper wil graag benadrukken dat noodzaak dient te worden beoordeeld in de context van de tijd, en niet achteraf. In de wetenschap hoe de oorlog eindigde zouden we misschien gaan denken dat er geen noodzaak bestond voor de gedwongen repatriëring. Maar voor Trevor-Roper is hoe alles nu lijkt niet relevant: de cruciale vraag is hoe de dingen er toen uitzagen. Ik denk echter dat de cruciale vraag een andere is: hoe zouden *bij nader inzien* de dingen eruit hebben gezien als er inderdaad tijd voor reflectie was geweest? De inperking 'bij nader inzien' is een waarborg tegen morele luiheid. Een beroep op noodzaak is alleen gerechtvaardigd indien er 'destijds' stevig werd nagedacht. De dingen beoordelen op grond van hoe ze er destijds uitzagen, zonder verdere kwalificatie, kan dienen als een uitnodiging tot morele luiheid. Morele luiheid is nooit een goed excuus.

John Galsworthy, die er als functionaris van het Britse ministerie van Buitenlandse Zaken bij betrokken was, schreef destijds: 'Voor zover mij bekend is de basis van onze interpretatie er een van opportunisme. Het zou onlogisch zijn om de Anglo-Sovjet-relaties verder onder druk te zetten ten behoeve van personen die actief zijn geweest tegen onze "bondgenoot". Natuurlijk is dit niet het hele verhaal: sommige mensen die we moesten overdragen zijn personen die niet door hun eigen schuld hebben geleden onder het Sovjetregime, er niet tegen hebben gestreden, en alleen maar eraan proberen te ontsnappen.'[12]

Een beroep doen op *opportunisme* is iets anders dan een beroep op *noodzaak*. Opportunisme is eigenbelang: het houdt alles in wat de betrokkene maar goed uitkomt, vooral als het doel een dringende noodzaak is. Bij noodzaak heeft het betreffende doel te maken met overleven. De middelen tot dat doel zouden de enig redelijke mogen zijn om in te zetten. Opportunisme duidt op voordeel eerder dan op morele correctheid. Opportunisme staat in contrast met principieel gedrag: politici hebben de neiging opportunisme als noodzaak voor te stellen, om opportunisme zo morele glans te geven. Noodzaak gaat over vitale belangen, in de sterke betekenis van vitaal, namelijk wezenlijk voor het voortbestaan. Opportunisme gaat hoofdzakelijk over belangen die betrekking hebben op het feitelijke gedrag van de betrokkene, niet op zijn bestaan als zodanig. Noodzaak heeft te maken met het bestaan van de betrokkene als zodanig, opportunisme alleen maar met zijn welzijn.

'Opportunisme' en 'noodzaak' drukken beide een gevoel van urgentie uit, maar terwijl noodzaak het idee uitdrukt dat er geen alternatieven zijn, geldt dit niet voor opportunisme.

Gezien het onderscheid tussen noodzaak en opportunisme zouden we twee vragen moeten stellen. Kan politieke noodzaak de moraal blokkeren en daardoor een rot compromis rechtvaardigen? En kan opportunisme de moraal blokkeren en daardoor een rot compromis rechtvaardigen? Meer in het bijzonder: kan een beroep op noodzaak het rotte compromis van gedwongen repatriëring naar Rusland rechtvaardigen? Kan een beroep op opportunisme het rechtvaardigen?

Galsworthys versie is de moeite waard geciteerd te worden, niet

alleen omdat hij een beroep doet op opportunisme, maar ook vanwege de weigering voor het dilemma een makkelijke uitweg te
kiezen, namelijk door de slachtoffers te beschuldigen. Het was destijds heel gebruikelijk, vooral onder pro-Sovjetapologeten, om de
Sovjetlijn te aanvaarden dat degenen die werden overgedragen allen
collaborateurs met de nazi's waren, verraders van hun eigen land,
die het verdienden om in Stalins handen te vallen. Het beroemd-
ste geval ter verdediging is dat van generaal Andrey Andreyevich
Vlasov, een voormalige generaal in het Rode Leger die in het eerste
oorlogsjaar vocht met grote verdienste, vervolgens in handen van
de Duitsers viel, zich tegen de Sovjets keerde en voor het naziregime
een leger bijeenbracht dat samen met nazistrijdkrachten tegen de
Sovjets vocht. Dan was er het geval van Russische krijgsgevangenen
die door de Duitsers werden gedwongen om Duitse uniformen te
dragen en zich bij de Duitsers aan te sluiten. Ze deden voornamelijk
dienst als dwangarbeiders of kwamen daartoe in de verleiding om
maar te ontkomen aan de harde omstandigheden die Sovjetkrijgsgevangen werd opgelegd. Wat we ook van hen vinden, niet allen,
zelfs niet de meesten van de mensen die werden onderworpen aan
gedwongen repatriëring waren van dit type. Om alle slachtoffers in
wezen als volgelingen van Vlasov aan te wijzen is niets anders dan
een handige vertekening.

Een pleidooi voor noodzaak

Het pleidooi luidt als volgt: de geallieerden waren betrokken in een
totale oorlog. Hun doel was de onvoorwaardelijke overgave van nazi-Duitsland. Alles wat maar nodig was om dit doel te waarborgen
was en is moreel gerechtvaardigd, gezien de hoge morele inzet bij
het verslaan van Duitsland. Het overeind houden van de alliantie
was een noodzakelijke voorwaarde voor een totale overwinning op
Duitsland, en alles wat de alliantie in gevaar bracht moest ten koste
van alles worden vermeden. Om de alliantie overeind te houden
achtte het Westen het noodzakelijk om met de Russen samen te
werken, zelfs als dit de gedwongen repatriëring van oorlogsgevangenen met zich meebracht. Het was een compromis, betoogden ze,

ten dienste van een zeer goede morele zaak. Het was een eerlijke morele prijs die betaald moest worden. Als lasteraars dit compromis zo nodig rot willen noemen, dan is dat maar zo, maar het compromis was gerechtvaardigd zelfs al was het rot, gerechtvaardigd uit noodzaak.

Dat wat betreft het pleidooi voor noodzaak. Nu wat betreft de reactie: er kan weinig twijfel over bestaan dat nazi-Duitsland in de Tweede Wereldoorlog de agressor was. Er bestaat geen twijfel over dat het oorlog gaan voeren door de geallieerden gerechtvaardigd was op grond van zelfverdediging. Maar tegen het einde van 1943, ten tijde van de conferentie van Teheran tussen de 'Grote Drie' – Stalin, Roosevelt en Churchill –, was de oorlogsdynamiek gewijzigd, vooral na de beslissende slag van Kursk. Op dat moment was het niet langer echt de vraag welke partij zou gaan winnen, de enige vragen die resteerden, betroffen wanneer en hoe. Dit betekende niet dat de oorlog voorbij was, of dat de Grote Drie het gevoel hadden dat hij voorbij was. Er was nog steeds veel dat zorgen baarde. Het nog steeds geduchte Duitse leger kon niet langer het oorlogstij doen keren, en het verweer van de geallieerden dat ze zichzelf verdedigden, begon in dit stadium al wat ongeloofwaardig te worden. Alleen al het karakter van de conferentie van Jalta, een bespreking over de toekomst van Europa na de oorlog, getuigt ervan dat de geallieerden nazi-Duitsland inmiddels niet langer als een serieuze bedreiging voor hun bestaan zagen. De geallieerden hadden de beer nog niet geschoten, maar ze waren al wel druk bezig zijn huid te verdelen. De vraag is: kan een pleidooi van noodzaak te goeder trouw worden gevoerd als het leven van de pleiters niet serieus wordt bedreigd?

Ik houd vol dat het geval nazi-Duitsland moet worden behandeld als een speciaal geval. Dat heeft te maken met het feit dat de rechtvaardiging om een totale oorlog tegen Duitsland te ontketenen niet uitsluitend gebaseerd is op de noodzaak tot zelfverdediging. De theorie van de rechtvaardige oorlog weet ons inderdaad heel goed te vertellen wanneer het voeren van een oorlog gerechtvaardigd is. Maar de theorie is slecht toegerust om ons te vertellen wat te doen wanneer de dynamiek van de oorlog is gewijzigd, zoals wanneer, door in de oorlog succesvol te zijn, de bedreigde underdog van gisteren de sterke '*overdog*' van morgen is.

In een gewone oorlog zou een wijziging in de dynamiek de morele status van de hoofdrolspelers kunnen wijzigen. Van een succesvolle underdog wordt misschien verlangd dat hij een aanbod om de oorlog te beëindigen, afkomstig van de verliezende *overdog*, accepteert, ook al zou datzelfde aanbod vóór de oorlog de underdog van zijn rechtvaardiging om ten oorlog te trekken hebben beroofd. Als het in eerste instantie al geen rechtvaardiging was, dan kan het ook geen rechtvaardiging zijn om de oorlog voort te zetten. De underdog heeft er recht op om compensatie te vragen voor de agressie, maar is niet gerechtvaardigd om de oorlog alleen maar als strafexpeditie voort te zetten.

Dit mag dan van nut zijn in een gewone oorlog, maar de oorlog met nazi-Duitsland was geen gewone oorlog. Een radicaal kwaad moest worden uitgeroeid, en slechts de totale nederlaag van nazi-Duitsland kon dat doel tot stand brengen. Het doel van het Verdrag van Jalta om de onvoorwaardelijke overgave van Duitsland en zijn denazificatie tot stand te brengen, was moreel juist.

Een beroep doen op noodzaak ten tijde van Jalta heeft niet dezelfde kracht als een beroep op een zelfverdediging die onverenigbare morele eisen opschort. Die noodzaak hield de alliantie bijeen om de totale overwinning op een radicaal slechte vijand te verzekeren. Maar dan is de vraag: wat zouden de geallieerden hebben geriskeerd met het weigeren van gedwongen repatriëring en het aandringen op vrijwillige repatriëring? Er bestaat geen greintje bewijs dat dit de alliantie met de Sovjet-Unie ten einde zou hebben gebracht. Voor de Sovjets, die echt bezorgd waren over een aparte deal tussen het Westen en nazi-Duitsland, stond er zoveel op het spel dat je moeilijk kan geloven dat ze wat dit betreft geriskeerd zouden hebben de geallieerden tegen zich in het harnas te jagen. Een weigering van gedwongen repatriëring zou ongetwijfeld de relaties tussen de Sovjets en het Westen onder druk hebben gezet. Het zou gezorgd hebben voor nervositeit en argwaan van de zijde van de Sovjets, die verder ging dan hun al aanzienlijke argwaan jegens het Westen. Het is waar dat de nazileiders nog steeds een wig probeerden te drijven tussen de westerse geallieerden en de Sovjet-Unie, in de hoop een aparte vrede te kunnen tekenen. Elke partij beschikte over goede redenen de ander ervan te verdenken een deal met de nazi's te gaan sluiten, want elke partij had dit eerder al gedaan: Groot-Brittannië in München en de Sovjet-Unie in het Ribbentrop-Molotovpact. Toch zou het recht op asiel voor krijgsgevangenen de alliantie niet te gronde hebben gericht, maar alleen maar wat meer onder druk hebben gezet. Ervan afzien om de relaties op dat moment wat onder druk te zetten was eerder een daad van politiek opportunisme dan van politieke noodzaak.

Een ander punt van zorg was wezenlijker: de Russen zouden de weigering tot gedwongen repatriëren van het Westen kunnen vergelden door de terugkeer van de door de Russen gevangengenomen Britse en Amerikaanse krijgsgevangenen te vertragen. Men nam op dat moment aan dat het ging om een aantal van ongeveer vijftigduizend (in werkelijkheid bleek het om de helft van dat aantal te gaan). Dit riep een serieuze vraag op: in welke mate ben je gerechtigd het welzijn van je eigen soldaten op te offeren teneinde het recht op asiel van anderen, van wie velen je vijanden waren, veilig te stellen? Na de oorlog schreef Eden: 'Mijn voornaamste zorg betrof de terugkeer van onze krijgsgevangenen uit Oost-Pruisen en Polen en ik was niet bereid om een actie te ondernemen die dit in gevaar zou brengen.'[13] Nogmaals, er bestaat geen greintje bewijs dat de Russen met vergelding dreigden, al twijfelde niemand eraan dat ze daartoe in staat waren. Hoe het ook zij, Eden liet tijdens de oorlog een heel andere zorg zien, die het hardnekkige vermoeden oproept dat zijn ware reden om met gedwongen repatriëring in te stemmen een andere was. Zoals hij het harteloos uitdrukte: 'Als deze mannen niet naar Rusland teruggaan, waar kunnen ze dan wel naartoe? Wij willen ze niet hier.'[14] Dus waar Eden aan dacht was niet de noodzaak tot zelfverdediging, noch enige inspanning de snelle terugkeer van Britse en Amerikaanse krijgsgevangenen te verzekeren, maar de wens 'niet voor altijd met [Sovjetkrijgsgevangenen] opgezadeld te zitten'.[15] 'We kunnen het ons niet permitteren daar sentimenteel over te doen' luidde Edens conclusie. Het gelijkstellen van het morele aan sentimentaliteit – als een vorm van toegevendheid geconfronteerd met de harde werkelijkheid van de politiek – is een retorische openingszet die in discussies over de relatie tussen politiek en moraal behoorlijk vaak wordt gebruikt.

Het is duidelijk dat alle genoemde overwegingen een rol speelden, verschillend bij de verschillende mensen. Sir P.J. Grigg, de minister van Oorlog, schreef aan Eden: 'We bevinden ons duidelijk in een dilemma. Als we doen wat de Russen willen, dragen we al deze gevangenen aan hen over, of de gevangenen naar Rusland terug willen of niet, en sturen we, zoals Selbornes nota van 25 juli aangeeft, sommigen van hen de dood tegemoet. En hoewel we in een oorlog, zoals ik heb aangegeven, het ons niet kunnen permitteren sentimenteel te zijn, moet ik bekennen dat ik dit vooruitzicht behoorlijk walgelijk vind en verwacht dat de publieke opinie datzelfde gevoel zal weergeven.'[16]

Operatie Keelhaul, in de ruimere zin van die term, die de hele 'operatie' van gedwongen repatriëring omvatte, ging na de oorlog nog door – in feite tot 1947. Zelfs als we het argument voor noodzaak gedurende de periode van de oorlog aanvaarden, bestaat er geen rechtvaardiging om het te accepteren in de vrede die volgde. Weliswaar werd de overeenkomst gesloten tijdens de oorlog, maar haar implementatie, althans voor een deel, vond daarna plaats. Inmiddels was de vraag eerder of men zich moest houden aan de voorwaarden van de overeenkomst dan of de overeenkomst moest worden getekend.

Ter wille van de vrede, betoogde ik, zal men zich soms aan onrechtvaardige overeenkomsten moeten houden. Maar hoe krachtig het argument in het algemeen ook is, het is onduidelijk of het opgaat in het geval van het Verdrag van Jalta, omdat er reeds een IJzeren Gordijn dwars door Europa was getrokken en het zich houden aan de overeenkomst de realiteit van de Koude Oorlog niet zou hebben veranderd. Het is heel goed mogelijk dat Eden geloofde dat hij het Verdrag van Jalta sloot ter wille van de vrede met Stalins Rusland. Eden was een fel tegenstander van het Verdrag van München en geloofde helemaal niets van wat Hitler zei. Maar hij geloofde dat hij met Stalin zaken kon doen, niet omdat Stalin deugdzaam was, maar omdat hij voorzichtig was. Als dit waar is, kan het verklaren waarom

Eden tijdens de oorlog een voorstander was van de overeenkomst, maar ik heb het nu over de periode van na de oorlog, toen de geallieerden al van elkaar vervreemd waren geraakt en de vrede in een koude oorlog was veranderd.

Het was terecht en passend om de Sovjet-Unie, die toen de zwaarste last van de oorlog torste, een gevoel van veiligheid te verschaffen. Maar het tegen hun wil overdragen van krijgsgevangenen had daar geen onderdeel van mogen uitmaken. Het zou rechtvaardiger zijn geweest om de rotte overeenkomst over gedwongen repatriëring te schenden dan deze na te komen. In de repatriëringsovereenkomst waren Groot-Brittannië en de Verenigde Staten beide stilzwijgende partners, maar ze waren ook behoorlijk actief in hulp en bijstand aan de Sovjets door de gevangenen over te dragen. Ze waren dus meer dan passieve partners in een rotte overeenkomst: ze droegen actief bij aan wat er feitelijk met de gevangenen gebeurde. Ze voldeden zo ongeveer aan de definitie in het strafrecht van 'hulp en bijstand': ze hielpen de plegers van een misdaad en mogen zo beschouwd worden als wezenlijk medeplichtig aan de misdaad.[17]

De algehele indruk van het geval Jalta is dat de instemming van het Westen met het verzoek van de Sovjets om gedwongen repatriëring in laatste instantie geen kwestie van noodzaak maar een kwestie van opportunisme was – die de dingen gladstreek. Rotheid wordt door opportunisme niet geblokkeerd. Er bestond geen rechtvaardiging of zelfs maar een excuus voor de gedwongen repatriëring.

Rot compromis en symboolpolitiek

Hoe staat het met het andere onderdeel van het Verdrag van Jalta, dat volgens vele koudeoorlogspolitici het verraad door het Westen van Oost-Europa inhield? Er bestond een sterke neiging om rekeningen te vereffenen met degenen die 'slap ten aanzien van het communisme' leken. Wat rotte compromissen betreft, gaat het niet om slapheid ten aanzien van het communisme maar tegenover het stalinisme. Het stalinisme was een duidelijk geval van een regime van wreedheid en vernedering.

De jaren in Stalingrad tussen 1942 en 1946, die sterk leken op die tussen 1917 en de vroege jaren twintig, waren in de woorden van E.P. Thompson een periode die 'het meest menselijke gezicht van het communisme' liet zien. Naar zijn zeggen is er voor de jaren die voorafgingen aan het Verdrag van Jalta – in tegenstelling tot bijvoorbeeld de jaren dertig – geen rechtvaardiging om het stalinisme te zien als een regime van wreedheid en vernedering, laat staat als een duidelijk geval van een dergelijk regime. Leszek Kołakowski trekt de juistheid van Thompsons 'menselijke gezicht'-beschrijving met betrekking tot de jaren 1942-1946 sterk in twijfel: 'Doelt u op de deportatie van acht hele nationaliteiten van de Sovjet-Unie met honderdduizenden slachtoffers (laten we het op zeven houden, niet acht: één werd kort voor Stalingrad gedeporteerd)? Doelt u op het sturen naar concentratiekampen van honderdduizenden Sovjet-krijgsgevangenen die door de geallieerden waren overgedragen? Doelt u op de zogenaamde 'collectivisatie' van de Baltische landen, als u enig idee van de realiteit van dit woord hebt?'[18] Toch is het waar dat de oorlogsjaren in de Sovjet-Unie, vergeleken met de jaren voor de oorlog, in moreel opzicht beter waren. Beter, maar niet goed genoeg om te verhinderen dat ze worden omschreven als de jaren van een wreed en vernederend regime.

Ik wil niet alles nalopen wat in Jalta werd overeengekomen. Belangrijker nog, ik wil niet alles nalopen wat in Jalta niet werd overeengekomen. In grote lijnen was er van datgene wat in Jalta werd overeengekomen maar weinig wat niet eerder was overeengekomen: in Casablanca (januari 1943), op de Vierde Conferentie van Moskou, met de bekende met pen neergekrabbelde verdeling door Churchill en Stalin (oktober 1944) en in Teheran (november 1944). Er was echter één belangrijk verschil: ten tijde van Jalta was het Rode Leger al (bijna) heer en meester over Oost- en Midden-Europa. Het Verdrag van Jalta schiep niet ter plekke de militaire realiteit. Het is ook duidelijk dat het die militaire realiteit niet kon wijzigen. Het Westen was in het beste geval een slapende partner ten aanzien van dat deel van de overeenkomst, geen stilzwijgende partner. Daarbij komt dat de Grote Twee Stalin in Jalta een belofte afdwongen dat de bevrijde volkeren in Europa vrij zouden zijn hun regering te kiezen.

Het geval wilde dat deze proclamatie van vrijheid waardeloos was. Stalin vatte ze nooit serieus op en Churchill wist dat Stalin de proclamatie niet serieus zou nemen.

In de formulering van het Verdrag van Jalta school niets verderfelijks. Een formulering is belangrijk, omdat rotte compromissen er voor een *symboolpolitiek* toe doen, zelfs wanneer ze er voor de *realpolitik* niet toe doen. *Realpolitik* kent een grote waarschijnlijkheid dat een bedoeld beleid ook tot stand komt. Symboolpolitiek doet dingen die niet in de afzienbare toekomst resultaat hebben maar louter een houding ten aanzien van de uitkomst uitdrukken, hetzij een negatieve protesthouding of een positieve van steun. Voor zover ik een individuele burger ben is mijn politieke betrokkenheid bijna altijd symbolisch, en dat geldt ook voor u. Zelfs mijn daad om te kiezen in een democratische staat, waar stemmen eerlijk worden geteld, is een daad van symboolpolitiek: mijn stem kan geen verschil maken. De uitkomst van een verkiezing wordt door mijn stem niet beïnvloed. Als individuen kunnen we deel uitmaken van een groep met een reëel effect op de politiek, maar elk individu afzonderlijk mist zo'n causaal effect.

Je zou kunnen weigeren om symbolische daden 'politiek' te noemen, in de overtuiging dat de politiek een voortdurende betrokkenheid bij de macht vergt, dat wil zeggen bij een beleid en daden die bedoeld zijn om causaal doeltreffend te zijn. Als je de macht prijsgeeft, geef je ook de politiek prijs, en verwar je politiek met andere bezigheden, zoals de esthetica. Niet deelnemen aan de echte macht of niet actief echte macht nastreven, betekent dat je niet serieus bent over de politiek.

De volgende redenering dank ik aan Saul Kripke.[19] U zegt dat u niet gelooft in symboolpolitiek, wat u beschouwt als louter holle gebaren. U zegt bijvoorbeeld dat u een sterke voorkeur hebt voor Obama boven McCain, maar dat uw stem op Obama geen significant verschil zal uitmaken. U zegt dat u niet genoeg reden hebt om te gaan stemmen omdat uw stem de uitkomst van de verkiezingen niet beïnvloedt. Maar u zegt ook dat duizend dollar u van mening zou doen veranderen en een voldoende prikkel zou zijn geweest om te gaan stemmen – natuurlijk voor Obama. Maar als uw stem geen significant verschil uitmaakt, en de enige reden voor u om te gaan stemmen de duizend dollar is, zou u dan voor McCain hebben gestemd, als u voor uw stem duizend dollar was gegarandeerd? Als u dat laatste aanbod afslaat, dan bent u ongeacht wat u ook zegt een gelovige in symboolpolitiek.

Hoe pakt deze symboolpolitiek uit in ons geval van de westerse geallieerden? De westerse geallieerden konden in Jalta erg weinig doen om de greep van Stalin op Oost-Europa losser te maken. Bovendien leek de penibele kwestie van de toekomstige regering van Polen geregeld te zijn toen Stalin beloofde om vrije en ongebonden verkiezingen te houden, min of meer zoals Churchill vroeg. Toch was Churchill bij zijn terugkeer uit Jalta, zoals zijn trouwe secretaris John Coville schreef, na een diner in Chequers 'tamelijk gedeprimeerd, denkend aan de mogelijkheid dat Rusland zich op een dag tegen ons zou keren, en hij zei dat zoals Chamberlain Hitler had vertrouwd, hij nu Stalin vertrouwde'.[20] Een mogelijk bezwarende vergelijking tussen Jalta en München ontging Churchill dus niet. München was onderdeel van de *realpolitik*. Hitler had daar en op dat moment tot staan gebracht kunnen worden. Het lot van Oost-Europa zou echter niet heel anders zijn geweest, met of zonder het Verdrag van Jalta. De westerse geallieerden waren in de overeenkomst louter slapende partners. Jalta was, in tegenstelling tot München, een oefening in symboolpolitiek. Het was niet echt een oefening in *realpolitik*.

De vraag is: moeten we moreel verontrust zijn wanneer een slapende partner voor zijn eigen voordeel een rot compromis tekent? Als het rotte compromis dat van de slapende partner gevraagd wordt niets anders is dan een oefening in symboolpolitiek, zoals waarschijnlijk het relevante deel van het Verdrag van Jalta, waarom is het dan zo volstrekt verkeerd?

Het onderscheid tussen symboolpolitiek en *realpolitik* geldt op de korte termijn en op de middellange termijn, maar is aanzienlijk minder dwingend op de lange termijn. Bij te veel gelegenheden is het protest van nu het *common sense*-beleid van morgen: wat vandaag symbolisch is kan op de lange termijn realistisch blijken te zijn. Dus kan symboolpolitiek worden gezien als een gok op de toekomst, de verre toekomst.

Tot Jalta behoort het erkennen van grenzen. Het erkennen van grenzen is nooit louter symboolpolitiek. William Ralph Inge, de scherpzinnige deken van St. Paul's, deed de beroemde uitspraak 'Een man kan voor zichzelf een troon van bajonetten bouwen, maar hij kan er niet op zitten.'[21] Zelfs het bruutste regime probeert erkenning te verkrijgen voor zijn macht over een bepaald gebied. Legitimiteit is een misbruikt woord, maar het is wel waar mensen met macht – soms – om vragen aan mensen zonder macht. De redenen daarvoor zijn gecompliceerd, maar het feit om legitimiteit proberen te verkrijgen niet. Symboolpolitiek bezit dus enige *softe* macht om *harde* macht in bedwang te houden. Naar mijn mening slaat Inge de plank mis als hij zegt: 'Het heeft voor schapen geen zin om resoluties voor vegetarisme aan te nemen zolang de wolf daar anders over denkt.'[22] De wolf kan het echter wel wat schelen. Hij weet dat resoluties van schapen er op de lange duur toe zouden kunnen doen.

Het menselijk bewustzijn houdt een moreel verslag bij van sommige gebeurtenissen in de wereld. Dit feit is onderdeel van de machtspolitiek, het is niet alleen een moreel feit. De ondertekening van een rot compromis vormt in de morele staat van dienst van een natie een schandelijk onderdeel. Daarom misschien achtervolgt München ons zo. De reden hiervoor is dat een rot compromis wordt gesloten ten koste van de twee essentiële elementen van de moraal: het voorkomen van vernedering en van wreedheid. Omdat het deze twee elementen raakt, is de morele verplichting om rotte compromissen te vermijden zo veeleisend dat zij zelfs geldt wanneer het op de korte termijn om niets anders gaat dan symboolpolitiek.

'Wat er ook gebeurt'

Of we tot een compromis komen, is aan ons om te beslissen. Maar wat niet – moreel – aan ons is, is om uit te maken of we tot een rot compromis komen. We staan voor een strikt verbod. Gij zult geen rot compromis plegen, wat er ook gebeurt.

Maar wat is de kracht van de 'wat er ook gebeurt'-clausule?

Het lijkt erop dat de 'wat er ook gebeurt'-clausule heel krachtig is, niet alleen retorisch, maar ook normatief. Het normatieve jodendom erkent geboden die speciaal zijn gemaakt voor tijden van vervolging. In zulke tijden wordt men gedwongen het minimum te gehoorzamen van wat vereist is voor moreel (religieus) leven. Volgens de joodse wet behoort men drie geboden niet op te geven, wat er ook gebeurt: moord, incest en afgodendienst. De 'wat er ook gebeurt'-clausule betekent dat je liever bereid zou moeten zijn vermoord te worden dan op de drie zojuist genoemde eisen inbreuk te maken. Dit zijn de joodse geboden voor gedrag onder druk.

Maar wat nu als een individu ertegen zondigt en een onschuldige doodt om het vege lijf te redden? Is hij dan een moordenaar die de doodstraf verdient? De juiste houding tegenover iemand die onder druk een onschuldige doodt om het eigen lijf te redden, is onderwerp van controverse. Volgens Maimonides is de kwestie helder: men moet niet volgens de wet worden gestraft. 'Het hoeft geen betoog dat hij niet door een gerechtshof wordt terechtgesteld, zelfs als hij was gedwongen een moord te plegen.'[23]

Het idee is dat, hoewel het nooit gerechtvaardigd is een onschuldige te doden, zelfs niet onder pressie, de omstandigheden zodanig zijn dat we zo'n daad kunnen *begrijpen*. Er bestaat een normatieve verwachting dat je eerder het gebod zou gehoorzamen en gedood worden dan het te overtreden. Maar er is een empirische waarneming dat je mogelijk daarin faalt omdat de druk als te groot wordt ervaren. De houding is de volgende. Wij begrijpen het. We *rechtvaardigen* het niet en we *verontschuldigen* het ook niet, maar we *begrijpen* het. We begrijpen dat iemand bezwijkt, in de wetenschap dat onder gelijke omstandigheden ook wij zouden kunnen bezwijken. Daarom is het niet aan ons om de overtreder te straffen. Op z'n hoogst mogen we ons teleurgesteld voelen dat deze persoon geen weerstand bood, maar we hebben niet het recht hem te straffen.

Deze gecompliceerde houding van er het beste van hopen en er het slechtste te verwachten, zou goed dienst kunnen doen bij onze reactie op iemand die een rot compromis heeft gesloten. Begrijpen is minder dan verontschuldigen en vergeven. Het is echter gebaseerd op een sterke erkenning van menselijke zwakte en kwetsbaarheid. Om die reden wendde ik me tot de religieuze morele praktijk. Die heeft een voordeel boven seculiere moraal omdat menselijke zwakte als een wezenlijk element van moraal wordt erkend. De houding die ik bepleit met betrekking tot een rot compromis is inderdaad dat het sluiten van een rot compromis als passieve partner niet valt te rechtvaardigen – in de zin dat ik gehouden ben aan de 'wat er ook gebeurt'-clausule – maar dat het niettemin valt te begrijpen en zelfs te verontschuldigen.

De 'wat er ook gebeurt'-clausule zit klem tussen twee conflicterende posities. Enerzijds erkennen we dat wreedheid en vernedering fundamenteel slecht zijn. Het vermijden van beide is wezenlijk voor de moraal zelf en dus zou het gebod om niet in te stemmen met een regime van wreedheid en vernedering het grootst mogelijke bereik moeten hebben: vandaar de 'wat er ook gebeurt'-clausule. Anderzijds heeft de 'wat er ook gebeurt'-clausule een tamelijk afschrikwekkend effect wanneer die verbonden wordt met het gebod 'Sluit geen compromis ten gunste van wreedheid en vernedering.' Het lijkt in strijd met de geest van het compromis, die van nature de ontkenning is van het onbuigzame 'wat er ook gebeurt'.

In het theoretische ideaal, waarin de betrokkenen gemotiveerd worden tot rechtvaardigheid, bestaat er geen vrees voor een rot compromis. Het gebod om af te zien van het sluiten van een rot compromis is bijna per definitie ontwikkeld met verwijzing naar een niet-ideale toestand. Toch lijkt het volstrekte karakter van de eis om rotte compromissen ten koste van alles te vermijden op een gebod dat afkomstig is uit het theoretische ideaal.

Het op een na beste en het compromis

De geest van mijn morele aanpak van het compromis wordt onder woorden gebracht in Reinhold Niebuhrs titel *Moral Man and Immoral Society*. Het gaat namelijk om wat een morele actor die gemotiveerd is tot moreel handelen in twee verschillende situaties moet doen: ten eerste in een moreel *neutrale* samenleving en ten tweede in een *immorele* samenleving.[24] Onder een samenleving mag hier ook verstaan worden de samenleving van naties, niet alleen een samenleving die uit individuen bestaat. Daarom gebruik ik ook het gewichtige 'actor' om zowel individuen als groepen onder te vangen.

Zoals ik het begrijp dient het gebod 'Sluit geen rotte compromissen, wat er ook gebeurt' geplaatst te worden in een niet-ideale morele context, zelfs al lijkt de absolutistische toon van 'wat er ook gebeurt' thuis te horen in het repertoire van het theoretische ideaal. Ik maak geen bezwaar tegen de ideale theorie als zodanig, om reden dat deze een ideaal is. De ideale gastheorie heeft zijn nut, zelfs al is er niets in de natuur wat volmaakt elastisch is en geen volume heeft. Onder normale omstandigheden – wanneer de druk niet te hoog is en de temperatuur niet te laag – komt het gedrag van ideaal gas aardig in de buurt bij dat van reëel gas.

Maar mensen gedragen zich niet als gasatomen. En de dialectiek tussen de ideale en de reële resultaten verschillen in het geval van mensen. Dit wordt goed weergegeven door wat economen 'op een na beste theorieën' noemen. Laat ik nu op dit thema van het op een na beste, dat ik in mijn inleiding al aansneed, terugkomen.

Als we bijvoorbeeld verhinderd worden om één of meer van de condities te bereiken die noodzakelijk zijn om het 'ideaal' te bereiken, moeten we niet doen alsof de ideale condities gelden, in de hoop althans het op een na beste doel te bereiken. Het kan heel goed zijn dat om dat op een na beste doel te bereiken we een andere strategie moeten aanhouden dan die door het theoretische ideaal wordt voorgeschreven. Als bijvoorbeeld tijdens het handelen één van de Pareto-voorwaarden voor een volmaakte markt niet geldt, dan mogen we niet aannemen dat we moeten handelen alsof de markt volmaakt was om zo op z'n minst het op een na beste resultaat te verwerven. Om het op een na beste te verwerven wordt misschien van ons gevraagd iets heel anders te doen.

De katholieke kerk gelooft dat het bestaan als non het ideale leven is. Het is het volmaakte leven voor de vrouw. De katholieke kerk gelooft ook dat het offer van het opgeven van seksualiteit en moederschap zo groot is dat de meeste vrouwen het ideaal om non te worden niet kunnen bereiken. Het op een na beste voor een vrouw is niet om non te worden met een slappe houding ten aanzien van het verbod op seksualiteit, maar om in plaats daarvan moeder te worden.

Er bestaat een gevoel dat ons basiscompromis tussen het echte stoffelijke leven dat we leiden en het ideale leven een compromis is dat inherent voor het op een na beste kiest. Het is het maximale op een na beste, direct na het ideale beste. Bertrand Russell zit er niet ver naast als hij schrijft: 'Het echte leven is, voor de meeste mensen, een langdurig op een na beste, een eeuwig compromis tussen het ideale en het mogelijke, maar de wereld van de zuivere rede kent geen compromis, geen praktische beperkingen, geen barrière voor de creatieve activiteit.'25 Russells idee is dat de echte stoffelijke wereld is gebaseerd op schaarste, vandaar de noodzaak tot compromis. De spirituele wereld van de zuivere rede is er een van overvloed: bij het ontbreken van beperking is er geen noodzaak tot compromis.

Denkers als Maimonides gaven zelfs de voorkeur aan het aristotelische ideaal van het contemplatieve leven, boven het actieve, stoffelijke leven. Zijn reden hiervoor was dat het leven van de geest geen schaarste kent. De stof van het leven van het intellect – de geest – is onbeperkt; de stof van het materiële leven – de materie – is beperkt. Het echte leven, dat wil zeggen het door het materiële bestaan beperkte leven, dwingt ons een leven van compromissen te leiden. In ieder geval is het idee dat het leiden van een niet-contemplatief leven, het soort leven dat het grootste deel van de mensheid leidt, reeds een immens compromis is. Maar wat zorgelijker is, is dat zelfs ons morele leven, ons goede morele leven, de aanblik vertoont van een gehavend compromis.

Het idee achter deze notie is simpel. Het lijden in deze wereld is zo intens dat dit ons met de morele verplichting zou moeten opzadelen om het te verlichten. En het beroep op ons is zo krachtig dat slechts een volledige toewijding aan het lenigen van het wereldleed ons ervan ontslaat om het vereiste morele leven te leiden. Het morele leven zou in één woord een heilig leven moeten zijn. Gezien het lijden in de wereld, hoe kunnen we dan ook maar één van onze pleziertjes rechtvaardigen, als we met dezelfde inspanning mensen in ernstige nood kunnen helpen? Door niet het leven te leiden dat veel mensen, terecht of niet, associëren met het leven van Moeder

Teresa, gaan we met onszelf al een compromis aan. Om de moraal af te zwakken in naam van het realisme van het op een na beste, betekent een dubbel compromis.

De laatste opmerkingen over de relatie tussen het compromis en het op een na beste komen niet neer op het vestigen van een *conceptuele* band tussen compromis en het idee van het op een na beste, maar zijn wel genoeg om een *nauwe* band tussen beide te suggereren, waarbij het erom gaat dat de geest van het compromis de geest is om jezelf te verzoenen met het idee van het op een na beste.

Waar 'wat er ook gebeurt' vandaan komt

Ik lokaliseer de oorsprong van de 'wat er ook gebeurt'-clausule in het theoretische ideaal en de oorsprong van onze problemen met deze clausule in onze pogingen het theoretische ideaal op niet-ideale situaties toe te passen. Maar een andere oorsprong dringt zich wel heel sterk op, een heel andere oorsprong: uit de theorie die gebaseerd is op het idee dat bepaalde soorten daden op zich slecht zijn en vermeden moeten worden, ongeacht wat de gevolgen zijn. Een dergelijke theorie ontstaat niet om de beste of de op een na beste doelen te bereiken, maar om te vermijden wat in zichzelf verkeerd is. Een morele theorie die gericht was op het bereiken van het goede doel (*telos*) werd 'teleologisch' genoemd, terwijl een theorie die niet door doeleinden werd gestuurd maar door de plicht (*deon*) om het juiste te doen ongeacht de gevolgen 'deontologisch' werd genoemd. De 'wat er ook gebeurt'-clausule past in een deontologische theorie die gaat over wat rechtvaardig is, eerder dan wat goed, het beste of het op een na beste is.

Een standaardklacht tegen deontologische theorieën is dat het niet duidelijk is volgens welke principes sommige handelingen in zichzelf verkeerd zijn. Zo krijgen we te maken met een lijst als de Tien Geboden, en wordt ons gezegd dat we iets niet mogen doen, in geen geval, maar zonder een invulling van waarom deze punten op de lijst staan. Een mogelijk antwoord is dat we geen algemene principes nodig hebben om de lijst te verhelderen, omdat de punten op de lijst veel helderder zijn dan welk algemeen principe dan ook:

we begrijpen veel beter welk algemeen principe dan ook dat we niet mogen doden, martelen of verkrachten.

Maar waar de lijst met dingen die vermeden moeten worden ook op neerkomt, we verwachten niet het gebod 'Gij zult geen rot compromis sluiten' erop terug te vinden. Een dergelijke lijst kan ons vertellen dat we vernedering en wreedheid moeten vermijden, maar dit is een gebod dat gericht is tegen de actieve partner in een rotte overeenkomst – degene die feitelijk wreedheid en vernedering toebrengt – en nauwelijks een gebod dat gericht is op de passieve partner, degene die instemt met een regime van wreedheid en vernedering zonder het zelf toe te brengen.

De deontologische lijst van dingen die niet mogen is een lijst van de micromoraal. Het bevat geen dingen die regeringen niet mogen. De voor ons relevante lijst is een lijst van de macromoraal. Deze lijst is zeer problematisch, omdat er een neiging bestaat om overheden te ontheffen van de dingen die niet mogen, waar de suggestie van uit gaat dat mits ze handelen in het algemeen belang en niet in hun eigen belang, overheidsfunctionarissen vuile handen mogen maken.

In plaats van een conclusie

Ik ben nog niet klaar voor een conclusie. De relatie tussen politieke noodzaak en een rot compromis zal ook de kern van mijn volgende hoofdstuk uitmaken.

HOOFDSTUK 5

De moraal van rotte compromissen

Vuile handen tussen ethiek en moraal

'Mijn broer en ik zijn tegen mijn neef. Mijn neef en ik zijn tegen de hele wereld' is een spreekwoord bij de bedoeïen. Het beschrijft de menselijke staat veel beter dan het gezegde van Plautus dat door Hobbes beroemd werd, dat 'de ene mens de ander een wolf is'.

Het bondige gezegde van de bedoeïen drukt een krachtig beeld uit van menselijk leven en menselijke politiek, een visie die ik om voor de hand liggende redenen *tribalisme* zal noemen. Tribalisme is het idee dat solidariteit uitsluitend gebaseerd is op nauwe bloedbanden. Het wordt verhevigd door een staat van permanente vijandigheid ten opzichte van de rest van de wereld. Tribalisme geeft een brood-nodig onderscheid tussen twee typen menselijke relaties aan: *sterke relaties* versus *zwakke relaties*. Sterke relaties zijn bijvoorbeeld die tussen familieleden. Zwakke relaties zijn relaties met vreemden.

Tribalisme hoort bij de sterke relaties, een bloedband, een uit-breiding van familierelaties. Tribalisme drukt de traditionele notie van sterke relaties uit. De moderne notie van nauwe banden bena-drukt vrijwillige banden zoals vriendschap. In sterke relaties bestaat er diepgang, tot stand gebracht door gedeelde herinneringen. In zwakke relaties is er erg weinig herinnering.

Op basis van het onderscheid tussen sterke en zwakke mense-lijke relaties breng ik een onderscheid aan tussen *ethiek* en *moraal*.[1] De ethiek reguleert onze sterke relaties, terwijl de moraal dat voor onze zwakke relaties doet. Een samenleving kan in principe ethisch en immoreel zijn: een dergelijke samenleving ziet in nauwe relaties een bindende kracht en in het besef van gedeelde menselijkheid een erg zwakke kracht. Dit is een typisch geval van tribalisme. Ethiek zonder morele restricties is in feite tribalisme.

Het arische nazi-Duitsland was een ethische samenleving met

betrekking tot haar mede-Duitsers en een intens immorele samenleving met betrekking tot de mensheid als geheel.[2] Hier ligt een verwarrende vraag: onderhield Hitler ethische relaties met zijn Duitse landgenoten? Mijn korte antwoord daarop is nee.

Mijn lange antwoord vraagt om enige uitleg. Voor zover het onderscheid tussen nauwe en afstandelijke relaties politieke kracht bezit, gaat dit verder dan directe relaties: het strekt zich uit tot mensen die we nooit hebben ontmoet. Kortom, we extrapoleren onze sterke relaties ver voorbij onze directe relaties. Dit is de mentale exercitie waarvoor Benedict Anderson de term denkbeeldige gemeenschap bedacht.[3] Een denkbeeldige gemeenschap wordt voorgesteld in termen van de personen die we tot medeleden rekenen en ook in termen van de kenmerken die we aan hen toeschrijven.

In het geval van Hitler is het erg duidelijk dat zijn opvattingen over het Duitse volk erg weinig van doen hadden met wie zij waren. Aan het einde van de oorlog stelden de werkelijke Duitsers hem teleur door niet te voldoen aan zijn hartstochtelijke verwachtingen; vandaar dat hij vond dat ze het verdienden om vernietigd te worden. Iemand wiens relaties met zijn medeleden niet in aanzienlijke mate inhaken op de realiteit heeft geen sterke relaties met hen.

Een denkbeeldige samenleving is geen gefantaseerde samenleving. Zij lijkt op degenen met wie we directe relaties onderhouden. Wat we toeschrijven aan de denkbeeldige leden, zelfs al zijn ze geïdealiseerd, kan niet volledig worden gescheiden van kenmerken uit de echte wereld. Volgens deze uitleg onderhoudt de aan wanen lijdende Don Quichot geen sterke relaties met het boerenmeisje Aldonza Lorenzo, die hij in zijn verhitte verbeelding transformeerde in zijn geliefde vrouwe Dulcinea. Evenmin zou ik Don Quichot willen omschrijven als iemand die zwakke relaties onderhield met de windmolens die naar hij dacht woeste reuzen waren. Een denkbeeldige gemeenschap mag ter wille van de ethiek geen waanvoorstelling zijn.

Wat Hitler betreft: zijn houding tegenover de Duitsers was ethisch noch moreel, maar een waanvoorstelling. Over het algemeen geldt dit niet voor de meeste leden van nazi-Duitsland. Zij onderhielden ethische relaties met hun verbeelde mede-Duitsers, en immorele relaties met de rest van de mensheid.⁴ De dubbele aard van menselijke relaties zoals vastgelegd door ethiek en moraal roept spanning op: ethiek gaat ten koste van moraal, maar moraal ook ten koste van ethiek.

Een groep die gestuurd wordt door een sterke ethiek kan tegenover andere collectieven en individuen buitengewoon egoïstisch zijn, toch kunnen individuen in die groep een grote bereidheid tonen een offer te brengen ten behoeve van hun gemeenschap. Dergelijke ethische individuen verwachten echter dat hun gemeenschap heel egoïstisch handelt bij het verdedigen van de belangen van het collectief. Voor hen is de verdediging van de belangen van de gemeenschap het hoogste gebod. De onbaatzuchtigheid van ethische individuen in een ethische en immorele samenleving geeft hun de illusie dat ze deel uitmaken van een morele orde, omdat ze moraal gelijkstellen aan individuele onbaatzuchtigheid. Maar misschien ervaren ze geen morele scrupules als hun leiders een rot compromis sluiten ten koste van een derde partij, mits een dergelijk compromis de belangen van hun groep bevordert.

Het ethische en immorele beeld van de politiek is een mengeling van sterk tribalisme en een internationale hobbesiaanse jungle. Het tribalisme is wijdverbreid. Het is niet beperkt tot enkele weerspannige delen van Afghanistan en Pakistan, maar reikt tot samenlevingen die er heel anders uitzien dan bebaarde tribale samenlevingen, en waarvan de leden misschien wel fris geschoren zijn.⁵

Volgens de tribale visie op de ethiek zonder moraal heeft een rot compromis een heel andere betekenis dan volgens de morele visie: een compromis is alleen rot wanneer het ontstaat uit verraad dat gepleegd is door leiders die voor eigen gewin de vitale belangen van de groep hebben verkwanseld. Maar een compromis dat gesloten wordt door leiders van de gemeenschap ten behoeve van het collectief, en niet voor persoonlijk gewin, wordt door de tribalisten als volstrekt gerechtvaardigd gezien. De handen van de leiders kunnen voor u het vuile werk doen en vuile handen maken, net zoals vuilnismannen namens u vuile handen maken. Onbaatzuchtigheid is de zeep die vuile handen schoonwast.

De tegenovergestelde houding tot het ethisch tribalisme is de morele houding die wordt uitgedrukt door de slogan 'niet namens ons'. We weigeren vuile daden (immorele daden) te accepteren die namens ons worden gedaan door vuile handen. 'Niet namens ons' is een manier om ons van vuile handen te distantiëren. Bijbels uitgedrukt (naar Genesis 22:27) is het een weigering een immorele arbeidsdeling te accepteren tussen de stem van Jacob ('onze morele naam') en de handen van Esau (de vuile, immorele handen die zogenaamd namens ons handelen).

Niet namens ons

Deontologische theorieën bezitten aanzienlijke kracht in de micromoraal, maar verliezen hun *psychologische* greep in de context van de macromoraal. Om preciezer te zijn, doet dit zich voor onder de volgende omstandigheden. We worden geconfronteerd met het publieke sentiment dat de regering 'niet namens ons' handelt wanneer een regering die geacht wordt ons te vertegenwoordigen immorele dingen doet die ze niet mag doen. Als ze die dingen niettemin doet, distantiëren we ons van de daad van de regering en we verklaren dat het kwaad niet namens ons werd gedaan. Met het 'wij' wordt 'wij het volk' bedoeld. Maar wat het echt betekent is: 'wij het morele verzet tegen de regering'.

Dat betekent het niet altijd. Bij gelegenheid is de reikwijdte van 'niet namens ons' breder dan 'de morele oppositie' en wordt het 'wij' echt 'wij het volk'. Dat gebeurt wanneer 'wij het volk' niet in gevaar verkeren. Onder zulke omstandigheden kunnen we het ons veroorloven moreel te zijn, te streven het goede te doen en het slechte na te laten, ook zelfs enigszins in ons nadeel. Maar wanneer we te maken krijgen met een behoorlijk somber vooruitzicht dat we zien als een bedreiging voor onze levenswijze, laat staan bij een bedreiging voor ons leven, heeft 'wij het volk' erg weinig begrip voor claims over goed en slecht, ongeacht de uitkomst ervan. In zulke gevallen blijkt ethisch tribalisme dieper te zitten dan moraal.

Laat ik deze laatste constatering anders formuleren. De relatie die wij hebben tot een legitieme regering is die van *baas* tot *uitvoerder*. Wij het volk zijn de baas; de regering is de uitvoerder, aangesteld om namens de baas te handelen. De relatie is dat de uitvoerder een contract kan afsluiten namens de baas, zodanig dat de baas eraan gebonden is. De verwachting is dat de uitvoerder handelt in de beste belangen van de baas. Wanneer er een botsing is tussen morele principes en de (eng geïnterpreteerde) belangen van de baas, staat het publiek ('wij het volk') klaar om aan morele claims gehoor te geven, zelfs in gevallen waarin het voordelig is het slechte te doen. Maar je vindt bij het publiek geen gehoor wanneer datgene wat moreel verkeerd is wordt gezien als de enig effectieve manier om een nogal ongunstige uitkomst te verhinderen. Het publiek is bereid om morele restricties te stellen in gevallen waar voordelen aan vastzitten, maar tamelijk onwillig als er aanzienlijke verliezen aan vastzitten.

Het is niet zo dat het publiek in zijn poging verliezen te vermijden zijn moraal verliest. Dat beweer ik niet. Wat ik wel beweer is dat het publiek onder ongunstige omstandigheden verwacht dat de moraal gevoelig is voor de uitkomst van zijn gedragslijn. Volstrekt voorbijzien aan de uitkomsten wordt in zulke gevallen gezien als een teken van onverdraaglijk *moralisme*, dat wil zeggen van een overdreven nadruk op moraal ten koste van de politiek. Het publieke sentiment kan cru als volgt worden samengevat: bij winst maken mag je kantiaans zijn; bij verlies lijden mag je egoïstisch utilitair zijn – alleen rekening houdend met wat je tot voordeel is.

Met andere woorden: ik beweer niet dat de deontologische moraal ('kantiaanse' moraal) irrelevant is in het publieke domein en alleen relevant in het private domein. Wat ik wel beweer is dat er een psychologische asymmetrie bestaat tussen de publieke perceptie van de moraal bij een gunstige uitkomst en de perceptie ervan bij een ongunstige uitkomst. Bij een ongunstige uitkomst staat het publiek erop om de gevolgen te taxeren, en is het tamelijk onwillig om in zijn handelen door de fijne nuances van wat op zich goed is te worden ingeperkt.

De clausule 'wat er ook gebeurt' dekt ongunstige uitkomsten. Dit is echter exact de situatie waarin het publiek afkerig is om te luisteren naar geboden in de vorm van 'Laat x na, enkel om de reden dat het moreel verkeerd is om x te doen, wat er ook gebeurt.' We staan onder druk om een formule te bedenken waarin rekening wordt gehouden met de gevolgen van wat we doen. Maar een dergelijke formule sluit niet goed aan bij de clausule 'wat er ook gebeurt'.

De politieke moraal is moraal toegepast op politieke omstandigheden. Als mijn waarneming met betrekking tot de asymmetrie tussen de relatieve bereidheid om zich moreel te gedragen in situaties van winst en de relatieve onwil daartoe in situaties van verlies klopt, zou ons gedrag dan niet zo moeten zijn dat we aan de gevolgen van onze politiek nooit voorbijzien?

Ik stel een onderscheid voor tussen de theorie van het rechtvaardige en de theorie van het goede met betrekking tot rotte compromissen. De theorie van het rechtvaardige zegt ons dat er onder geen enkele omstandigheid een rechtvaardiging voor een rot compromis bestaat, ongeacht de gevolgen voor degenen die ervoor tekenen. De theorie van het goede zegt ons dat hoewel er geen rechtvaardiging voor een rot compromis bestaat, er ruimte is voor vergevensgezindheid of althans begrip, afhankelijk van de gevolgen van zo'n compromis.

Het compromis tussen voorschrift en norm

Laten we een onderscheid maken tussen twee typen moraal beleid: *normatief* beleid en *prescriptief* beleid. Met 'beleid' bedoel ik leidende principes, die het beslissen en handelen bepalen. Normatief beleid is bedoeld om in een morele samenleving te worden uitgevoerd, een samenleving van mensen wiens eerste zorg het is om een rechtvaardige samenleving tot stand te brengen en in stand te houden.

Prescriptief moreel beleid is bedoeld voor een niet-morele samenleving. In een normatieve theorie wordt je levenspad verlicht door een krachtige schijnwerper; in een prescriptieve theorie wordt het pad vlak voor je verlicht door een flauwe mijnwerkerslamp.

Er zijn twee soorten niet-morele samenlevingen: een *neutrale* samenleving en een *immorele* samenleving. In een neutrale morele samenleving handelen mensen uit verschillende soorten motieven, waaronder morele motieven. De mensen in een neutrale samenleving beschouwen morele motieven niet als bijzonder gewichtig, laat staan dat aan moraal de verheven status wordt toegekend van een doorslaggevende overweging. Een neutrale samenleving kan heel erg legalistisch zijn: het kan wettelijke overwegingen heel serieus nemen maar toch neutraal staan tegenover morele overwegingen.

Als ik een samenleving moreel neutraal noem, bedoel ik daarmee: niet volstrekt neutraal ten aanzien van morele overwegingen. Die samenleving maakt het niet uit of het gaat om morele overwegingen of om andere soorten overwegingen; alle overwegingen zijn van gelijke waarde. Die samenleving geeft de moraal niet waar hij recht op heeft. Kortom, we maken de grootste kans om het grootste deel van de tijd, op de meeste plaatsen en bewoond door het grootste aantal mensen een moreel neutrale samenleving tegen te komen.

Daarentegen is een immorele samenleving een extreem geval omdat deze morele overwegingen volstrekt negeert. Nazi-Duitsland maakte van het verschil tussen een neutrale en een immorele samenleving een verschil in soort in plaats een verschil in graad. Nazi-Duitsland, net als het spreekwoordelijke Sodom en Gomorra, is een samenleving die zich actief ten doel stelt de moraal zelf te ondermijnen.

Compromissen vormen het materiaal van de *prescriptieve* theorie. Toch is het rotte compromis een categorie binnen de *normatieve* theorie. Het legt aanvaardbare compromissen een normatieve restrictie op. Een rot compromis is – categorisch – een onaanvaardbaar compromis.

Urgentie en in geval van nood

Wanneer de formule 'wat er ook gebeurt' wordt gehecht aan een morele politiek die uit regels bestaat, welke eventualiteiten zou die dan moeten dekken? Dat lijkt een rare vraag, omdat het er met deze nadrukkelijke formule toch juist om gaat dat alles en iedereen wat maar voorstelbaar is eronder valt. Maar regels van welke soort dan ook zijn heel erg afhankelijk van een stilzwijgend veronderstellen van een normale toestand, een veronderstellen van *business as usual*. De priester die de regels over de doop nakijkt, gaat er stilzwijgend en onbewust van uit dat hij niet te maken zal krijgen – in de geest van Lockes discussie[6] – met een pasgeboren kind met twee hoofden en hij dus niet hoeft te beslissen of hij de baby één of twee keer moet dopen of helemaal niet. Regels kunnen niet alle mogelijke gevallen dekken: ze zijn inherent onderworpen aan open interpretatie, dat wil zeggen wanneer ze worden toegepast op mogelijk lastige en vage gevallen. We kunnen er veilig van uitgaan dat de regels over de doop niet zijn gemaakt met dergelijke buitenissige gevallen voor ogen. Wat als abnormaal geldt met betrekking tot regels varieert in hoge mate van context tot context en van praktijk tot praktijk.

In het geval van morele regels staan we voor een dilemma. Enerzijds hebben we de morele regels nodig om ons in extreem abnormale gevallen tot leidraad te zijn, zoals in het geval van oorlog. Anderzijds zorgen juist zulke abnormale situaties als een oorlog dat normale morele regels hun greep verliezen.

Voor Carl Schmitt bestaat er geen dilemma.[7] In abnormale situaties is een moraal onzinnig. Voor Schmitt gelden morele of wettelijke regels niet als we te maken krijgen met uitzonderingen. Moraal en legalisme worden vervangen door het politieke vermogen om brute beslissingen te nemen. Bruut in twee betekenissen: niet gestuurd door regels en principes, maar ook in de zin van niets ontziend. Voor Schmitt is een oorlogstoestand een schoolvoorbeeld van een noodgeval, waarin politieke overwegingen elk ander principieel gedrag tot zwijgen moet brengen.[8]

Schmitt daargelaten is voor ons de vraag of een abnormale toestand een noodgeval is dat vraagt om een opschorten van de moraal. Meer in het bijzonder: omdat rotte compromissen, in tegenstelling tot normale compromissen, gewoonlijk gesloten worden in abnormale tijden, zou dit feit de reikwijdte van 'wat er ook gebeurt' dan niet moeten inperken tot normale tijden?

Moraliteit en abnormaliteit

Er zijn twee relevante betekenissen van 'abnormaliteit' met betrekking tot moreel beleid: abnormaliteit in de zin van spelingen der natuur en abnormaliteit in de zin van het onverwachte. Oorlogen zijn abnormaal in de tweede betekenis, als we ons beleid ontwerpen voor tijden van vrede zonder – ter wille van ons beleid – rekening te houden met oorlogen.

Oorlogen zijn allesbehalve buitenissig. Ze zijn een vertrouwd onderdeel van het leven. Maar ze verschillen radicaal van toestanden van vrede, waarvoor ons normale beleid is ontworpen. Ik vermeld oorlog als een geval van abnormaliteit omdat rotte compromissen heel veel met oorlog te maken hebben. We kunnen een oorlog zien als een vlinder. Die doorloopt drie volledig verschillende stadia: rups, pop en volgroeide vlinder (imago). Elke volgroeide vlinder doorloopt deze stadia, daarin schuilt niets abnormaals. Maar deze drie stadia zien er zo verschillend uit dat je je afvraagt of wat we zeggen over de volgroeide vlinder wel opgaat voor de pop. Een vergelijkbare vraag blijft ons in feite ook bezighouden met betrekking tot menselijke foetussen. Vertegenwoordigen ze een radicaal verschillende fase of verkeren ze in een continuüm met volgroeide menselijke wezens? 'Wat er ook gebeurt' kan afhankelijk zijn van een fase – bijvoorbeeld de fase van vrede – en niet van toepassing op de fase van oorlog. 'Wat er ook gebeurt' kan ook afhankelijk zijn van de soort samenleving waarmee we te maken hebben. Gaat het om een morele samenleving, een neutrale samenleving of een immorele samenleving?

Als een probleem om een regel toe te passen gaat abnormaliteit voornamelijk over de buitenissige betekenis van dat woord, namelijk als iets wat opvallend anders is en ongelijk aan al het andere. 'Wat er ook gebeurt' is niet bedoeld om elke denkbeeldige mogelijkheid af te dekken, maar alleen realistische mogelijkheden. Er zijn twee betekenissen van realistische scenario's: de ene is verwant aan realisme in de kunst, dat wil zeggen een levensechte beschrijving, onwaarschijnlijk maar niet bizar; een andere is realistisch in de zin dat er een aanzienlijke waarschijnlijkheid bestaat dat het voorkomt, waarschijnlijk maar niet levensecht. Een beschrijving kan zeer levendig en levensecht zijn, rijk aan details net zoals het leven, maar hoe meer levensechte details we toevoegen, des te minder waarschijnlijk het wordt. Het is zeer waarschijnlijk dat we een man met twee ogen, één neus en één mond zullen tegenkomen, maar een dergelijk schematische beschrijving is levendig noch levensecht. Als we echter toevoegen dat hij een litteken op zijn linker wang heeft, maken we de beschrijving levendiger en levensechter, maar is het veel minder waarschijnlijk dat we zo'n persoon zullen tegenkomen.

Wat realisme in de twee betekenissen – levensecht en waarschijnlijk – verbindt zit eerder in de omgang met echte historische gevallen dan met gedachte-experimenten. Dus het inperken van ons 'wat er ook gebeurt' tot realistische mogelijkheden ontslaat ons er niet van moeilijke gevallen onder ogen te zien die echt kunnen gebeuren, zoals oorlogen. Het ontstaat ons wel van de plicht buitenissige situaties te moeten afdekken. Een pact met de duivel, in de letterlijke betekenis, is een buitenissig geval. Het 'wat er ook gebeurt', bevestigd aan 'teken geen rot compromis', dekt geen pacten met de duivel af in de mythische betekenis van die uitdrukking. Maar pacten met de duivel in de metaforische betekenis bestaan dan ook, en dat zijn niet noodzakelijkerwijs buitenissige gevallen.

Hier is een belangrijke toepassing van de metafoor 'pact met de duivel'. Yisrael Kastner was tijdens de nazibezetting van Hongarije hoofd van de Joodse organisatie Hulp- en Reddingscomité. Hij sloot een deal met Adolf Eichmann, de ss-functionaris die de leiding had over de deportatie van Hongaarse Joden naar de dodenkampen. Deze overeenkomst spaarde 1685 mensen het leven, die Hongarije ontvluchtten met wat later 'Kastners trein' ging heten. In Eichmanns weergave van de deal in het tijdschrift *Life* 'stemde Kastner ermee in te helpen dat de Joden zich niet verzetten tegen deportatie'. 'Het was een goede transactie,' zei Eichmann, waarmee hij bedoelde dat het goed was voor de Duitsers.[9]

Na de oorlog vertrok Kastner naar Israël, waar hij in een openbaar pamflet werd beschuldigd van samenwerking met de nazi's. Degene die hem beschuldigde werd aangeklaagd voor laster. Rechter Benjamin Halevi schreef echter: 'De bescherming van Kastner door de nazi's en hun instemming om hem zeshonderd vooraanstaande Joden te laten redden, waren onderdeel van het plan om de Joden uit te roeien. Kastner werd de kans geboden nog een paar meer aan dat aantal toe te voegen. Het lokaas werkte. De mogelijkheid om vooraanstaande mensen te redden vond hij erg aantrekkelijk. Hij beschouwde het redden van de belangrijkste Joden als een groot persoonlijk succes en een succes voor het zionisme. Het was een succes dat ook zijn gedrag zou rechtvaardigen – zijn politieke onderhandelingen met de nazi's en de bescherming van zijn comité door de nazi's. Toen Kastner dit geschenk van de nazi's ontving *verkocht Kastner zijn ziel aan de Duitse satan.'* (mijn curs.)[10]

Halevi's gebruik van de uitdrukking 'de Duitse satan' is zuiver metaforisch. Het duidt geen buitenissig geval aan. Door zijn beschrijving moet Kastners pact met de Duitse duivel duidelijk rot worden en dient het te vallen onder het gebod om geen rot compromis te tekenen.

Het is lastig de vraag te beantwoorden of de overeenkomst tussen 'de Duitse satan' en Kastner kan worden beschouwd als een compromis, gezien het gedwongen karakter van de deal. Het Israëlische Hooggerechtshof verwierp Halevi's vonnis. Het weigerde de overeenkomst als rot te beschouwen, deels omdat het was afgedwongen. Ik denk dat het Hooggerechtshof gelijk had en rechter Halevi ongelijk, maar dat is iets anders: waar het om gaat is dat buitenissige gevallen niet door de moraal worden afgedekt, terwijl louter zware gevallen onder zware omstandigheden wel afgedekt zouden moeten worden.

Mijn algemene punt is dat oorlogen en noodsituaties vanuit de optiek van vrede extreme situaties zijn. Ze zijn echter niet abnormaal in de buitenissige betekenis van die term, zelfs als we geneigd zijn ze metaforisch als zodanig te omschrijven. Regels, ook morele regels, kunnen zowel op oorlogen als op compromissen die in oorlogstijd worden gesloten van toepassing zijn. Het hele idee van een theorie van de rechtvaardige oorlog, dat rechtvaardigheid in de oorlogsvoering bepleit, is dat het openlijke oorlogsgeweld gereguleerd kan worden en onderworpen aan restricties. Een oorlog is een andere fase in het menselijk bestaan dan vrede, maar geen bestaanswijze die de moraal irrelevant maakt.

Het idee dat gedrag tijdens oorlog zelfs kan en moet worden gereguleerd (door normen, hoewel niet noodzakelijk morele normen) heeft zelfs heel oude oorsprongen. Ten eerste omdat het in de oorlogsvoering een oude zorg was om een erecode te behouden, een aristocratische eer, zelfs in gewelddadige situaties. Het oude gevoel van eer is verticaal, de eer tussen twee niet-gelijken. De moderne zorg gaat uit naar eer in zijn horizontale vorm, respect voor menselijke wezens als mensen.

Zelfs in een oorlog zijn we verplicht om mensen met elementaire waardigheid te behandelen. Vernedering is daarvan de ontkenning, en wrede vernedering is het ernstige geval waarin mensen de morele status als menselijke wezens wordt ontzegd. Wat ons – in morele zin – wezenlijk wordt gevraagd is om de menselijke waardigheid van de vijand even serieus te nemen als vroeger de aristocratische eer van de adellijke tegenstanders.

Makkelijker gezegd dan gedaan. Het is echter belangrijk dat het in principe makkelijker is om te zeggen, want dat geeft aan dat het idee om onze vijand zonder vernedering te behandelen zinnig is. In dat geval is het zinnig van ons te verlangen dat we in een oorlogssituatie geen rotte compromissen sluiten en ons niet gedragen volgens de logica van schmittiaanse uitzonderingen, die bedoeld zijn om de moraal in tijden van crisis ongeldig te verklaren. Dit zou de eis om rotte compromissen – wat er ook gebeurt – te vermijden tot een absurde eis maken.

Eén van de ideeën die verbonden zijn met ons gevoel van het *absurde* is het idee om ons te gedragen alsof het *business as usual* was, terwijl in feite de business erg *unusual* is. We herkennen dit bijvoorbeeld in de stukken van Harold Pinter – zijn gebruik van behaaglijke, geruststellende clichés in bedreigende kaders. Over moraal praten in een oorlogstoestand doet velen in deze pinteriaanse betekenis als absurd aan. Alsof je je op een *business as usual*-manier gedraagt in een situatie die allesbehalve 'gewoon' is.

Ik houd vol dat het nooit zo was dat regels toepassen – ereregels in dit geval – op een oorlog als absurd werd gezien. Gedrag tijdens een oorlog werd zelfs onder dringende noodsituaties en urgenties ingeperkt door overwegingen van eer. Oorlogen als zodanig verschaffen geen radicale rechtvaardiging voor de noodzaak om rotte compromissen te sluiten.

Er schuilt iets misleidends in de hardnekkigheid waarmee ik voorbeelden aan de Tweede Wereldoorlog ontleen. Het oorlogslandschap is sinds de Tweede Wereldoorlog dramatisch veranderd. Er is een duidelijke afname in oorlogen tussen staten en een schokkende toename van burgeroorlogen.

In zekere zin zijn we terug in de realiteit van de religieuze burgeroorlog, de realiteit die Hobbes' filosofie vormgaf. Hobbes schiep een beroemd beeld van een immorele wereld. Ik gebruik liever de uitdrukking 'immorele wereld' dan 'immorele samenleving' omdat de situatie die Hobbes beschreef als 'oorlog van allen tegen allen' ons niet in staat stelt enige vorm van samenleving te behouden. Het leven in zo'n immorele wereld werd door hem als volgt onsterfelijk gemaakt: 'En het leven van de mens is er solitair, arm, akelig, beestachtig en kort.'[11] Dit is een bevreemdende karakterisering. Als het leven zo vreselijk is, waarom dan erover klagen dat het kort is? Zijn kortheid lijkt juist een verzachtende omstandigheid.

Maar dit houdt mij in Hobbes' beschrijving nog het minst bezig. Het belangrijkste punt is dat een oorlog van allen tegen allen geen serieuze mogelijkheid is: het is een buitenissige situatie. In een totale oorlog, waarin elk individu een doodsvijand is, zou niemand kinderen kunnen laten opgroeien. Een totale oorlog van allen tegen allen betekent een totale vernietiging binnen één korte generatie. Zolang Hobbes parabel bedoeld is om te beschrijven dat individuen constant strijd leveren, is het geen fantasie maar een onmogelijkheid.

Hobbes' parabel is zinnig wanneer hij niet verwijst naar individuen maar naar collectieven. Individuen, zelfs onder de meest ellendige omstandigheden, hebben behoefte aan een ondersteuningssysteem – familie, clan, stam, natie of vrienden. Een oorlog van allen tegen allen dienen we niet letterlijk te nemen. Een toestand van anarchie in een burgeroorlog is al erg genoeg. De burgeroorlog in Irak van dit moment kan dienstdoen als een nuttig geheugensteuntje van wat Hobbes bedoelt – daargelaten of elke Irakees of Amerikaan in dat land in strijd is met elke andere Irakees of Amerikaan.

Wat belangrijk is in Hobbes' beschrijving is de prioriteit van veiligheid. Pak de veiligheid, dan zal de moraal later wel komen. Veiligheid is in Hobbes' beschrijving een basiseis: veiligheid gaat boven alle morele overwegingen uit.

We dienen hier twee doctrines te onderscheiden waartussen een ernstige spanning bestaat: *moralisme* en *staatsraison* (beter bekend als *raison d'état*). Moralisme is het geloof in het primaat van de moraal boven de politiek – zelfs het primaat van de morele overweging boven elke andere overweging. De staatsraison is de leer van het primaat van het politieke over het morele. Hobbes is een theoreticus van de staatsraison.

Raison d'état verwierf een slechte reputatie. Te veel cynici en machtsbelusten handelden in haar naam. Zij draagt het mefistofelische sikje van een Richelieu. Deze kardinaal zag kans zowel een invloedrijke gids voor christenen te schrijven als een reeks van verdragen met protestanten (Zweedse, Duitse en Zwitserse) tegen zijn medekatholieken van de Oostenrijks-Spaanse Habsburgdynastie af te sluiten. Hij zag zelfs kans om de protestanten van het kanton Grisons te steunen in hun oorlog tegen de paus, en dit alles voor de staatsraison waarbij Frankrijk de staat was, het gecentraliseerde Frankrijk dat hij hielp vormen.[12] Metternich en Kissinger zouden het hem niet meer verbeteren. Maar deze doctrine werd niet in zonde geconcipieerd. Het was een reactie op een ernstige crisis, de crisis van de religieuze burgeroorlogen in Europa in de zestiende en zeventiende eeuw. Burgeroorlogen van een religieuze aard zijn zo afschuwelijk dat vrede ten koste van alles te prefereren lijkt – waaronder ernstige schade in termen van religieuze moraal.

Het idee achter de leer van de staatsraison was dat slechts een absolutistisch regime een vrede kon vestigen die zijn burgers zou vrijwaren voor de verschrikkingen van een burgeroorlog. Staatsraison is allereerst en primair een reeks van redenen die de religieuze moraal (in de religie verankerde moraal) overstijgen. Handelen op grond van religieuze moraal is, aldus de leer van de staatsraison, wat burgeroorlogen voedt. Religieuze moraal is deel van het probleem van burgeroorlogen, het kan er niet de oplossing van zijn. Vrede, gevrijwaard zijn tegen een burgeroorlog, zou moeten worden nagestreefd zelfs ten koste van rechtvaardigheid of van elk ander ideaal. De oplossing is te vinden in de staatsraison, de enige beweegreden die voor vrede kan zorgen. De staatsraison is behulpzaam bij het gevrijwaard raken van interne burgeroorlog, en dat is haar voornaamste rechtvaardiging.[13]

Wat betreft oorlogen tussen staten: de leer destijds had te maken met de realiteit van een Europa dat opgedeeld was in soevereine staten die hun gezag over de rest van de wereld wilden uitbreiden. Het mechanisme van het verzekeren van vrede tussen landen is gebaseerd op het idee van een machtsevenwicht. De staatsraison werd bedacht als een beweegreden in dienst van de vrede, om het machtsevenwicht in de gaten te houden zodat geen staat van de status quo zou afwijken. De status quo diende zo mogelijk via diplomatie en indien nodig met geweld te worden gehandhaafd.

Absolute macht corrumpeerde zeer zeker de morele kwaliteit van de leer van de staatsraison. Het hield op een leer over het handhaven van de vrede te zijn en werd synoniem aan staatsegoïsme. De morele dimensie van de leer van de staatsraison, als een beweegreden om vrede te vestigen en in stand te houden, werd voor een tijdje vergeten. Maar burgeroorlogen en religieuze burgeroorlogen zijn er nog steeds. Zelfs voor degenen wier huis ver weg van Bagdad staat, zijn de verschrikkingen zichtbaar van een burgeroorlog die volgt op een vreemde bezetting, als ze al niet voelbaar zijn.

Hobbes, de filosoof van de veiligheid, formuleert zijn provocerende stelling krachtig: we zijn het bangst voor burgeroorlog. Elk regime dat voor vrede kan zorgen en burgeroorlog kan voorkomen, zelfs door middel van wreedheid en vernedering, is een legitiem regime. Van een dergelijk regime zou geen morele paria gemaakt moeten worden, omdat het gehoorzaamt aan de primaire politieke eis om gevrijwaard te zijn tegen burgeroorlog. Met een dergelijk regime zou je mogen onderhandelen en er naar eigen goeddunken compromissen mee mogen sluiten. Elk regime dat deze randvoorwaarde van effectieve veiligheid voor zijn onderdanen vervult en bereid is om in vrede met zijn buren te leven is een geschikte partner in een overeenkomst, zelfs als zo'n overeenkomst een rot compromis is.

Hobbes' uitdaging is relevant – bovenal voor de vraag of een stilzwijgende partner een overeenkomst mag tekenen met een rotte regering –, maar is geenszins een argument dat rotte compromissen rechtvaardigt. Niet elk compromis met een rot regime is een rot compromis. Hobbes verschaft ons een argument om met rotte regimes te onderhandelen, maar geen argument om rotte transacties te sluiten, dat wil zeggen: transacties die een structuur van wreedheid en vernedering vestigen of in stand houden.

Veiligheid als rechtvaardiging of als excuus

Naar aanleiding van het Verdrag van Jalta heb ik reeds de kwestie van veiligheid als rechtvaardiging voor een rot compromis naar voren gebracht. Ik wees dat echter af op grond van het feit dat op het moment dat het Verdrag van Jalta werd getekend de uitkomst van de oorlog niet ter discussie stond. Inmiddels bestond er voor de geallieerden geen existentiële bedreiging meer. De perceptie van een existentiële bedreiging was in januari 1943 nog zeer reëel, toen in Casablanca werd overeengekomen dat het doel van de oorlog de onvoorwaardelijke Duitse overgave was. Met het argument dat Jalta geen duidelijk geval was waarin een beroep op veiligheid een rot compromis op het eerste gezicht kon rechtvaardigen, blijft voor ons nog de vraag: kan veiligheid wel ooit dienen als rechtvaardiging voor een passieve partner om een rot compromis te sluiten?

Veiligheid is een gemakzuchtig symbool. Ter rechtvaardiging van het gebruik van immorele middelen lijkt hij een krachtig beroep op zelfverdediging te mogen doen. Zich beroepen op veiligheid wordt echter al te vaak misbruikt als een rechtvaardiging voor wat moreel ongerechtvaardigd is en misschien onverdedigbaar. De cruciale vraag is welke veiligheid we zouden moeten garanderen om gerechtvaardigd te zijn om van morele geboden in het algemeen af te wijken, en in het bijzonder om een rot compromis te sluiten.

De context waarmee we te maken hebben is de *macromoraal*. Deze bestaat uit relaties tussen collectieven. Maar de *micromoraal* – relaties tussen individuen – verschaft het model voor onze macromorele context. De vraag is of het micromorele model geschikt is voor de macromoraal.

Plato beweerde dat de staat een individu in het groot is. Dat wil zeggen het collectief – de staat – is een goed model voor de individuele psyche. Ons politieke leven wordt echter gevormd door een tegengestelde tendens, namelijk om de relaties tussen collectieve staten te zien volgens het model van relaties tussen individuen. Ik weet niet zeker of de gelijkenis van de relaties tussen individuen en relaties tussen collectieven belangrijker is dan hun ongelijkheid. Ik geloof echter wel dat we beheerst worden door een erg krachtig beeld (een onbewust model) waarin de relaties tussen individuen model staan voor relaties tussen collectieven. Zo verwijzen we bijvoorbeeld naar staten met de namen van hun leiders. En we omschrijven de relaties tussen staten als persoonlijke relaties tussen hun leiders. Ik betrap mezelf vaak op het gebruik van de synecdoche Stalin en Hitler om te verwijzen naar de Sovjet-Unie en Duitsland, ondanks mijn bezwaar om staten als individuen te zien.

Het beroep doen op noodzaak in individuele relaties, als een rechtvaardiging om af te wijken van moreel gedrag, valt in drieën te splitsen: de noodzaak tot immorele middelen om levens te redden; de noodzaak om de materiële bestaansmiddelen te waarborgen (wat ook wel de verdediging van eigendom genoemd wordt); en ten slotte de noodzaak om 'huis en haard' te beschermen. Elk van de drie verdedigingen speelt een belangrijke rol als een model om collectieve 'noodzakelijkheden' te begrijpen. Laat ik in het kort over elk iets zeggen. Rechtvaardiging betekent hier het toepassen van de term 'rechtvaardig' op een daad die onder normale omstandigheden onrechtvaardig is.

Zelfverdediging is gerechtvaardigd om je leven te redden. Het redden van een derde partij wordt echter gedekt door noodzaak, mits de derde partij niet bestaat uit familie of vrienden die zich inlaten met illegale activiteiten. Verdediging van je tweede ik – verdediging van een derde partij – valt onder de rechtvaardiging van de noodzaak. Maar ze dekt niet het inzetten – zonder toestemming – van een derde persoon om jezelf tegen gevaar te beschermen. De praktijk van het inzetten van menselijke schilden, namelijk van strijdenden die zich achter onwillige burgers verschuilen om de vijand af te schrikken hen aan te vallen, is moreel onaanvaardbaar. Bij ernstig gevaar mag je de eigendomsrechten van een derde partij schenden, maar het is niet toegestaan om aan het recht op leven van een onschuldige derde partij voorbij te zien. Ik benadruk dit geval van de derde partij, in een beroep op noodzaak, om de duidelijke reden dat het een belangrijke rol speelt in de poging om rotte compromissen te rechtvaardigen. Valt een passieve partij in een rot compromis, die een gevaar probeert af te wenden door een rot compromis te sluiten, te vergelijken met een partij die een menselijk schild inzet – een moreel ongerechtvaardigde daad – of gaat het bij beide om aanvaardbare schendingen van een eigendomsrechten van een derde partij, om zo direct gevaar te voorkomen?

Het idee was dat eigendom geen luxe is, maar iemands middelen van bestaan uitmaakt, een middel om als mens in je levensonderhoud te voorzien. Een aanval op bezit was eerder een aanval op een watervoorraad dan een aanval op luxegoederen. Ik heb reeds in mijn inleiding vermeld dat verarming vroeger niet betekende wat het tegenwoordig in de ontwikkelde wereld betekent: verlies van sociale status en verlies van levensstandaard. Het betekende iets heel anders: het risico om slaaf te worden. De verdediging van eigendom werd niet gezien als de verdediging van de bijkomstigheden van het leven maar van het noodzakelijke. De verdediging van eigendom is niet de uitvinding van een roofzuchtig kapitalisme. Integendeel, het kapitalisme verbrak de directe relatie tussen bezit en bestaansmiddelen. Aan de verdediging van het leven en de verdediging van de noodzakelijke bestaansmiddelen om het gebruik van geweld te rechtvaardigen, moeten we een derde element in de micromoraal toevoegen: de verdediging van 'huis en haard'.

Verdediging van leven, bestaansmiddelen en huis en haard dienen als micromodellen om het gebruik van geweld in de macromoraal te rechtvaardigen, maar zijn ze ook bruikbaar voor ons? Meer in het bijzonder: zijn ze voor ons bruikbaar in het geval van rotte compromissen? De rechtvaardigingen die ik vermeldde om af te wijken van de standaardmoraal gaan over gevaar voor eigen leven of gevaar voor vitale bestaansmiddelen. Hoe vertaalt dit alles zich in onze zorg over rotte compromissen? Als passieve partner A toegeeft aan de pressie van B om een rotte overeenkomst te tekenen, indien A's veiligheid anders bedreigd zou worden door B (veiligheid in een van de hier vermelde betekenissen), dan kan niets wat A doet als een compromis worden beschouwd. A staat onder druk, wat de geldigheid van de overeenkomst nietig verklaart.

Als A de overeenkomst echter gebruikt om van B zijn veiligheid te verkrijgen, door in te stemmen met een rot compromis met B ten koste van een derde partij C, dan gebruikt A C als schild. In zo'n geval gaat de rechtvaardiging van zelfverdediging niet op. Om een omstander als schuld te gebruiken is nooit gerechtvaardigd, zelfs niet bij een serieuze levensbedreiging. Een rot compromis dat als schild wordt gebruikt is geen rechtvaardiging, zelfs niet als het onder ernstige dreiging wordt gesloten. Een serieuze dreiging kan echter wel een excuus vormen, en zelfs een dwingend excuus – een excuus dat ons weinig andere keuze laat dan te vergeven.

De tragische keuze tussen moreel en ethisch conflict

De moraal gaat over de regulering van menselijke relaties tussen menselijke wezens. Menselijke wezens zouden ook menselijke relaties met dieren tot stand moeten brengen, maar dat is een andere activiteit. Een rot compromis ondermijnt de moraal als zodanig. Het zorgt mede voor een regime van onmenselijke relaties. Wrede vernedering is de handeling die menselijke relaties ondermijnt. De ethiek neemt de reglementering van sterke menselijke relaties voor haar rekening. De twee basismodellen voor sterke relaties zijn familie en vrienden.

Heel veel gedachten, en ik haast me toe te voegen: ook zorgen, omgeven de vraag of er echte morele dilemma's bestaan, waarbij een betrokkene moreel gehouden is A te doen en ook moreel gehouden om B te doen, en A en B toch onverenigbaar zijn (of zelfs met elkaar in strijd). Volgens mij worden gevallen van botsingen tussen moraal en ethiek gewoonlijk aangehaald als duidelijke voorbeelden van morele dilemma's. Hiermee wil ik niet ontkennen dat er gevallen van echte morele dilemma's bestaan, in mijn enge toepassing van de term 'moreel', maar de kracht van wat gewoonlijk als moreel dilemma wordt opgevat, hangt af van de botsing tussen *moraal* en *ethiek*.

Sartre kwam met het beroemde geval van een van zijn leerlingen, een jongeman wiens vader zijn moeder in de steek liet en wiens oudere broer in 1940 tijdens het offensief van de Duitsers werd gedood.[14] Wonend bij zijn moeder en nu haar enige bron van troost in het leven, staat hij voor de keuze om naar Engeland te gaan en zich aan te sluiten bij de strijdkrachten van de Vrije Fransen, of bij zijn moeder te blijven en haar te helpen het vol te houden. De jongeman twijfelt er niet aan dat hij zijn moeder daadwerkelijk en ondubbelzinnig kan helpen. Hij weet ook dat als hij zich aansluit bij de grote zaak hij misschien een tamelijk zinloos legerbaantje moet gaan verrichten dat niets aan de oorlogsinspanning bijdraagt, bijvoorbeeld als schrijver in het leger of, erger nog, als hij op weg om zich bij de Vrije Strijdkrachten aan te sluiten vast komt te zitten in Spanje.

Sartre heeft het gevoel dat hier twee verschillende dingen spelen, die hij 'twee soorten moraal' noemt: enerzijds de moraal van sympathie en persoonlijke toewijding en anderzijds een moraal met een veel bredere reikwijdte maar verbonden met een veel vagere soort actie. 'Hij moest kiezen tussen beide.'

Zoals ik dit interpreteer spelen er inderdaad twee dingen: enerzijds de ethische relatie tussen zoon en moeder; anderzijds de morele relatie van deze jongeman met degenen die hij verondersteld wordt te helpen bevrijden van de onmenselijke nazibezetting. We kunnen de reikwijdte van de beschrijving van het zich aansluiten bij de Vrije Strijdkrachten nog versmallen door te zeggen dat het deze jongeman alleen maar gaat om de bevrijding van het Franse volk, met wie hij nauwe relaties onderhoudt. Maar er bestaat geen reden om te veronderstellen dat dit alles is. We kunnen hem nageven dat het hem erom gaat de nazi's te verslaan omwille van de mensheid als geheel, en dat hij Duitsland niet alleen wil verslaan om zijn Franse volk te helpen, ook al is in het bijzonder het helpen van de Fransen een deel van zijn motivatie.

Ethiek (zoals ik de term gebruik) doet in Sartres lezing een direct en concreet beroep op ons, met duidelijke maar beperkte gevolgen, terwijl de moraal (zoals ik de term gebruik) een wijder beroep doet, maar dit beroep is wat abstract en de gevolgen zijn vaker wel dan niet wat onbestemd.

Sartres voorbeeld wordt overal aangehaald, gewoonlijk in een zeer schematische vorm die wat in dit voorbeeld zo levendig en pakkend is, de spanning tussen ethiek en moraal, doet verschrompelen. Ik wil niet alles wat onder het kopje 'morele dilemma's' valt reduceren tot het conflict tussen ethiek en moraal. Andere vormen van conflict vallen steeds onder die noemer: ook dat zijn belangrijke vormen van harde keuzes die individuele compromissen betreffen.

Eén vorm is het conflict tussen plichten jegens jezelf en plichten jegens anderen. In Ibsens beroemde *Poppenhuis* wordt Nora verscheurd tussen haar verplichtingen tegenover haar man en drie kinderen en verplichtingen tegenover zichzelf. Een andere vorm is het conflict tussen religieuze verplichtingen en sterke morele en ethische verplichtingen, met Abrahams offergave van Isaak als beroemd voorbeeld.

Het gaat mij niet om de kwestie van verplichtingen jegens God noch om de kwestie van verplichtingen jegens jezelf. Beide types verplichtingen zijn geen onderdeel van moraal of ethiek zoals ik de termen gebruik, want moraal en ethiek zijn gebaseerd op relaties met andere mensen en niet op relaties met jezelf of met God.

Rotte compromissen kunnen door en door rot zijn wanneer ze bijvoorbeeld worden getekend voor het persoonlijke gewin van corrupte heersers. Maar rotte compromissen kunnen ook het product zijn van een conflict tussen ethiek en moraal waarvan de uitkomst de ethiek begunstigt, in gevallen waarin de moraal de overhand had moet krijgen. Een rot compromis kan het product van een *tragische keuze* zijn. Dat gebeurt in gevallen waarin men moraal en ethiek niet weet te verzoenen. Je wordt door je eigen gemeenschap vervloekt als je voor de moraal kiest, en vervloekt door de mensheid als je, in de naam van de moraal, partij kiest voor je eigen gemeenschap.

Een tragische keus betekent niet dat er geen juist antwoord op het dilemma bestaat. Als een compromis rot is, betekent dit dat de morele overweging de overhand zou moeten krijgen en dat er geen rechtvaardiging is om het rotte compromis te sluiten. Maar de tragische keuze betekent dat het tekenen van een rot compromis kan wordt geëxcuseerd, niet in de zin van verontschuldigd, maar wel in die zin dat er sterke gronden zijn om het te vergeven.

In het strafrecht heeft de kwestie van verschoning en rechtvaardiging voor chaos gezorgd.[15] Sommigen geloven niet dat tussen beide een nuttig onderscheid kan worden getrokken en sommigen geloven dat het vreselijk belangrijk is om dat onderscheid te trekken. Het onderscheid waar ik naar op zoek ben is moreel, niet juridisch. Rechtvaardiging verleent morele rechtvaardiging aan een daad voordat hij wordt begaan, terwijl een excuus een rationeel pleidooi voor vergeving na de daad is.

Elke boosdoener heeft het recht om te bepleiten dat hij door de onrecht aangedane partij wordt vergeven. Vergeving is een daad die soevereiniteit aan de zijde van de onrecht aangedane partij uitdrukt. De onrecht aangedane partij herwint zijn waardigheid door te handelen als een vorst die zijn onderdanen amnestie of gratie verleent, als een geschenk en niet als iets van een recht.

Er dient een ongegrond element in vergeving te zitten: zonder dat verdwijnt het element van soevereiniteit. Bij een rationeel excuus bestaan erg goede redenen voor de onrecht aangedane partij om vergeving te schenken. Maar het moet niet zover gaan dat vergeving haar karakter van een schenking verliest. Een rationeel excuus verschaft de onrecht aangedane partij goede redenen om vergeving te schenken, maar geen dwingende redenen die de weigering van die zijde irrationeel zou maken.

Samenvattend

De afgelopen twee hoofdstukken waren gewijd aan een clausule in het gebod Gij zult geen rot compromis plegen, *wat er ook gebeurt*. Deze clausule is het nadrukkelijke 'wat er ook gebeurt'. De twee hoofdstukken probeerden deze clausule te verhelderen en te verdedigen tegen de diverse pogingen om het loslaten ervan te rechtvaardigen of in ieder geval verzachtende omstandigheden te verschaffen waardoor we de clausule opgeven en het gebod in een veronderstelling veranderen: Pleeg geen rot compromis, tenzij en totdat u daartoe goede redenen hebt.

De twee hoofdstukken gingen in op verscheidene op het eerste gezicht goede redenen om rotte compromissen te verdedigen, meestal onder het generieke kopje 'noodzaak'. Bovendien verschaften ze enkele psychologische observaties ten aanzien van de omstandigheden waarin mensen mogelijk afkerig zijn om een nadrukkelijk 'wat er ook gebeurt' te accepteren – bijvoorbeeld omstandigheden van algehele verliezen – terwijl ze bij algeheel voordeel misschien meer geneigd zijn om de hoge moraal te aanvaarden.

De concessie die bij deze op het eerste gezicht goede redenen hoort is dat rotte compromissen (en de psychologie en politiek ervan) geëxcuseerd of begrepen kunnen worden, maar dat ze nooit gerechtvaardigd zijn.

De conclusie van de twee hoofdstukken is deze: het gebod dient met de nadrukkelijke clausule gehandhaafd te worden.

HOOFDSTUK 6

Sektarisme en compromis

Nogmaals: de economische visie tegenover de religieuze visie op de politiek

Laten we terugkeren naar de twee visies op de politiek: politiek als economie en politiek als religie.

In beginsel is alles in de economische visie onderworpen aan loven en bieden, over alles valt te onderhandelen. Terwijl in de religieuze visie en het idee van het heilige het heilige ononderhandelbaar is. Goederen kunnen fysiek verdeeld worden of verdeeld worden in termen van hun gebruiksduur. Wat verdeeld kan worden, kan onderworpen zijn aan compromis. We kunnen het verschil opdelen. Het heilige – althans in monotheïstische religies – gaat over datgene wat niet valt te verdelen en dus niet onderworpen is aan compromis. Als het leven van een foetus heilig is, dan is het opdelen van een zwangerschap in trimesters niet toegestaan.

De economische visie laat erg weinig ruimte voor autoriteit en ceremonie. Autoriteit wordt vervangen door de relatieve onderhandelingsmacht van de deelnemers en het vermogen om overeenkomsten af te dwingen. Ceremonie wordt gereduceerd tot publiciteit, wat in wezen manipulerend en verspillend is. De economische visie op de politiek is een erg gewone visie, die met beide benen op de grond staat. De politieke spelers zien er meer uit als accountants in grijze pakken dan als helden in rode mantels of heiligen in witte gewaden.

Daarentegen is de religieuze visie op de politiek dramatisch. Ze is gebaseerd op het feit dat de staat van zijn burgers verlangt om in tijden van oorlog bereid te zijn hun leven voor de staat te offeren. Dit basale feit tast het economische idee aan dat politiek slechts over behoeftebevrediging gaat. Het stelt dat de politiek evenzeer gaat over het vinden van de zin van het leven in het offer. Politiek als religie is een kader om zin te geven aan de levens van mensen, dat veel verder gaat dan een kader om nuttige dingen te maximaliseren.

De meesten van ons staan onder invloed van deze twee visies op de politiek. We hebben een stereoscopische politieke perceptie: we beseffen dat sommige aspecten van de politiek beter worden gedekt door de ene visie, terwijl andere aspecten beter worden gedekt door de andere. In tijden van oorlog en crisis voert de religieuze visie de boventoon als het erom gaat de politiek voor ons te verduidelijken. In tijden van *business as usual* heeft de economische visie de overhand. Degenen zonder stereoscopische visie – de perceptie van diepte die ontstaat door beide ogen te gebruiken – kijken naar de politieke wereld met één oog.

Sektarisme in de politiek is een extreem geval van met één oog naar politiek kijken – het oog van de politiek als religie. Sektariërs zijn in de greep van de religieuze visie op de politiek, en niets anders. Dit betekent niet dat sektariërs noodzakelijk religieus zijn. Je hoeft niet religieus te zijn om sektariër te zijn, maar het helpt wel.

Sektarisme is bepaalde praktijk en een geesteshouding. Deze wijze van opereren zou liever de partij opsplitsen dan het verschil. Een geesteshouding hierbij is dat je in je principiële positie niet toegeeflijk moet zijn, wat er ook gebeurt. Sektarisme is een instelling die elk compromis als een rot compromis ziet.

De sektariër drijft de religieuze visie op de spits. Hoewel de politiek als zodanig in de religieuze visie niet in een geest van compromis wordt bedreven, sluit het compromissen over niet-heilige zaken echter niet uit. De sektariër drijft dit idee op de spits door zijn positie als heilig te zien en te weigeren over wat dan ook een compromis te sluiten. Hij beschouwt het compromis als een daad van verraad, een capitulatie, een verraad van het ideaal.

We vinden een goed historisch voorbeeld van de extreme sektarische houding tegen het compromis bij de Khawarij ('degenen die eruit stappen').[1] Deze sekte ontstond tijdens de eerste islamitische burgeroorlog, die ging over wie de moslimgemeenschap na Mohammed moest gaan leiden. Deze strijd zorgde voor de scheuring in de islamitische wereld tussen de soennitische islam en de sjiitische islam. De derde kalief, Uthman, werd vermoord, en er vond een bittere strijd plaats tussen Ali, de schoonzoon en neef van de Profeet, en Muawiyah, de neef van de vermoorde kalief. De Khawarij steunden eerst Ali als de legitieme kalief. Maar ze keerden zich tegen hem na de slag van Siffin (657 na Christus). Omdat niemand in de slag de overhand kreeg, stemden de twee partijen knarsetandend in met arbitrage. Die arbitrage was niet bedoeld om uit te maken wie de legitieme kalief was, maar het pakte wel zo uit. Door Ali's aanvaarding van arbitrage keerden de Khawarij zich tegen hem. Heilige zaken zijn niet bestemd voor arbitrage. De Khawarij zagen de arbitrage als een daad van verraad die niet viel te rechtvaardigen met een beroep op politieke noodzaak. Uiteindelijk vermoordden zij Ali. Hun basishouding was dat een religieus compromis altijd een fundamenteel verraad van een principe is.

De sektarische geesteshouding houdt meer in dan alleen maar een negatieve houding tegenover een compromis. Maar volgens mij is de weigering om een compromis te sluiten het voornaamste kenmerk. In dit hoofdstuk probeer ik kenmerken van sektarisme aaneen te rijgen als kralen aan een halsketting, waarbij het koord de houding tegenover compromissen is.

Bedenk daarbij dat ik de term 'sektarisch' niet gebruik om een vaste karaktertrek te beschrijven. Ik geloof eigenlijk niet in menselijk karakter. Volgens mij kan men in de ene situatie een sektarische geesteshouding ontwikkelen en een open instelling in een andere.

De houding tegenover aantallen

Sektes zijn gewoonlijk klein, maar hun ambities zijn gewoonlijk groot, zo niet volslagen megalomaan: niets minder dan de redding van de wereld. Hoe verklaren sektes de kloof tussen hun geringe aantallen en de enorme omvang van hun ambities? Een manier om met die kloof om te gaan is het ontkennen van het belang van aantallen. Aantallen doen er niet toe. Aantallen bieden geen garantie.

De donatisten waren een ketterse sekte die in de vierde en vijfde eeuw na Christus in het Romeinse deel van Noord-Afrika tot bloei kwamen. Ze geloofden dat het toedienen van sacramenten zoals de doop alleen door heilige priesters mocht worden verricht. Ze weigerden het gezag te aanvaarden van priesters die in de jaren van vervolging heilige boeken hadden overgedragen aan de Romeinse autoriteiten om te worden verbrand.[2]

Als vertegenwoordiger van de kerk voerde Augustinus bitter campagne tegen de donatisten. Beide partijen in de polemiek waren het erover eens dat de ark van Noach een passende allegorie van de belegerde kerk vormde. De donatisten benadrukten echter het feit dat de ark van Noach maar acht menselijke wezens meevoerde. Als het eropaan komt, kan de mensheid gered worden door een erg klein aantal mensen. Aantallen zijn onbelangrijk: de kwaliteit van de mensen, hun heiligheid, dat is wat telt. Maar Augustinus benadrukte weer dat er in de ark ook dieren waren, en dat de ark niet was voorbehouden aan alleen reine schepselen. De ark van Noach was een toevluchtsoord voor een aanzienlijk aantal schepselen, niet alleen voor Noachs kerngezin.[3]

Sektariërs zijn geen vereerders van Atlas. Ze menen niet dat één heroïsch schepsel het hele gewicht van de wereld kan torsen, maar ze komen daar dicht bij in de buurt. Een kleine groep kan – net als Atlas – zelfs voorkomen dat de hemel naar beneden komt en de aarde verplettert. Het is een taak niet voor één held maar voor een kleine groep uitverkorenen.

Sektariërs verschillen onderling in hun houding tegenover kleine aantallen. Er zijn *avant-garde* sektariërs en er zijn *overlevers*. In de avant-gardebenadering vraagt het zoeken van een nieuw pad op maagdelijk terrein om een kleine voorhoede van bedreven en toegewijde mensen die de toekomstige massa's gaan leiden. Net als in een legeroperatie is de verkenningseenheid klein; het grote leger komt later. In de benadering van de overlevers zullen slechts weinigen de catastrofale gebeurtenissen die de mensheid te wachten staan doorstaan, en de toekomst van de wereld hangt van hen af. De ark van Noach drukt de benadering van de overlevers uit.

De onverschilligheid van sektariërs ten aanzien van aantallen maakt hen onwillig om compromissen te sluiten. Je sluit geen compromissen ter wille van een vage politieke werving, omdat dit onbelangrijk is als aantallen er niet toe doen. Het verwateren van je ideaal door een compromis ter wille van werving devalueert het ideaal. Het ideaal is het dan niet meer waard om voor te vechten.

Sektes kunnen intern democratisch zijn, hun leden geloven dan sterk in gelijkheid onder de ingewijden. Maar de algehele houding van sektariërs is op verschillende onderdelen ondemocratisch: in hun elitaire houding tegenover buitenstaanders, in hun vijandige houding tegenover het compromis en in hun onverschilligheid ten aanzien van aantallen. In de democratie doen aantallen ertoe en zijn ze ook belangrijk. Wat betreft het compromis: dit brengt de democratie tot leven, de democratie vraagt om het voortdurend vormen van coalities. Geen compromis, dan ook geen coalitie.

Ik moet mijn haastige bewering dat sektariërs onverschillig staan tegenover aantallen nader kwalificeren. Hun houding kan gecompliceerder zijn dan alleen maar onverschilligheid ten aanzien van aantallen. Wat telt zijn de aantallen van toekomstige generaties. Deze houding wisselt uiteraard van sekte tot sekte. Sommige sektariërs, vooral de sektariërs van links, geloven dat de massa's in principe aan hun kant staan, maar dat ze zichzelf nog niet kunnen uiten, omdat ze onderdrukt worden of omdat ze door de manipulaties van hun uitbuiters misleid worden. Dergelijke sektariërs beweren dat ze weliswaar een minderheid zijn, maar slechts tijdelijk. Om ervoor te zorgen dat toekomstige massa's naar de huidige ketterij van de sektariërs toestromen en er de orthodoxie van morgen van maken, dient de boodschap niet door enig compromis te worden afgezwakt. Het credo van de sekte is ketterij. Het credo van de kerk, van het establishment in het algemeen, is orthodoxie. Wat doorgaat voor orthodoxie en wat doorgaat voor ketterij, zo'n beetje zoals wat telt als taal en wat telt als dialect, is afhankelijk van wie er aan de macht is, maar ook afhankelijk van aantallen. De sektariër gelooft dat de ketterij van vandaag de orthodoxie van morgen is. Maar dit zal geschieden door een massale bekering, niet door een groezelig compromis.

Ooit waren ze goede vrienden, Piet Mondriaan en Theo van Doesburg. Mondriaan, de oudste van de twee, nam het voortouw. Van Doesburg bekeerde zich tot Mondriaans stijl van schilderen en werd zijn vriend en volgeling. Vervolgens, in 1924, toen ze samen in Parijs waren, scheidden zich hun wegen. Over de reden voor het uiteengaan hebben de kunsthistorici het nog steeds, maar volgens één lezing, die ik te mooi vind om niet te kloppen, zette Van Doesburg de ketterse stap: hij begon te schilderen in diagonale lijnen in plaats van in de strikt horizontale lijnen van Mondriaan. Dit was meer dan genoeg om een breuk te veroorzaken waaruit twee artistieke visies ontstonden: elementarisme, zoals Van Doesburg zijn diagonale aanpak noemde, en neoplasticisme, zoals Mondriaan zijn eigen aanpak betitelde.[4]

Voor buitenstaanders lijkt het verschil tussen horizontale Mondriaans en diagonale Van Doesburg onbetekenend. Voor Mondriaan maakte het echter heel veel uit. Hij hield Van Doesburg door zijn daad van diagonale hybris verantwoordelijk voor het vernielen van de kosmische orde, wat het delicate evenwicht kapotmaakte.

Ik interpreteer de geschiedenis van de breuk tussen Mondriaan en Van Doesburg als een parabel over sektarisme die gaat over onbetekende meningsverschillen. Freud bedacht de uitdrukking 'narcisme van onbetekenende meningsverschillen', een bijzonder geslaagde uitdrukking om de geesteshouding van de sektariër te beschrijven. Freud paste het narcisme van onbetekenende meningsverschillen toe op zowel groepen als individuen. Het zien van meningsverschillen als onbetekenend werkt niet symmetrisch. Seymour Lipset merkte op dat meningsverschillen die vanuit het perspectief van de Verenigde Staten als onbetekenend worden gezien door Canadezen niet als onbetekenend worden beschouwd. Om te beginnen draait de identiteit van Canadezen om dergelijke verschillen, en identiteit is geen geringe aangelegenheid.[5]

Sektarisme is de neiging om een kleine onenigheid over inzichten of aanpak groot op te blazen, totdat het voor de sektariërs en degenen die niet tot hun kamp behoren onmogelijk wordt om samen te leven. De sektariër gedraagt zich als een sociale amoebe: zelfs wanneer een maar één cel is, slaagt hij erin zichzelf te delen. In een vijandige omgeving wordt de sektariër-achtige amoebe vaak een cyste, die zich totaal van de buitenwereld isoleert om in leven te blijven.

De relatie tussen het narcisme van kleine meningsverschillen en een negatieve houding tegenover het compromis is tamelijk ongecompliceerd. Als de verschillen objectief gezien gering zijn, dan bestaat er weinig ruimte voor compromis omdat er niet genoeg verschil is om het verschil te delen. Dit is een van de redenen waarom burgeroorlogen in vergelijking tot oorlogen tussen staten zo bitter zijn. Ik kom later nog op burgeroorlogen terug.

Manicheïsme

De sektarische geest is vaak manicheïstisch. Hij heeft een sterk gevoel van dualisme – tussen het rijk van licht en goed (wij) en het rijk van duisternis en kwaad (zij). Sommige van de opvallendste sekten zijn in letterlijke zin manicheïstisch geweest, namelijk degene die onder invloed stonden van de dualistische religie van het manicheïsme, dat in de derde eeuw door de profeet Mani werd gesticht. Ik denk dan aan het paulicianisme in Armenië tussen de zevende en de negende eeuw, het bogomilisme in Bulgarije vanaf de tiende eeuw tot lang daarna en het katharisme in de Languedoc in Frankrijk tussen de elfde en de dertiende eeuw. Alle steunden het dualisme van de autonome gebieden van goed en kwaad. Het manicheïsme in al zijn vormen werd als ketters beschouwd, dat het idee van God als de schepper van alles ondermijnt.

Mijn belangstelling in de ketterse geesteshouding is algemeen van aard en niet gericht op de strikt metafysische visie over het dualisme van goed en kwaad. Ik ben geïnteresseerd in wat ik 'praktisch manicheïsme' wil noemen, dat wil zeggen het zien van de wereld als in feite verdeeld tussen de goede 'wij' en de slechte 'zij' – de as van het kwaad, zo u wilt. De manicheïstische wereldvisie verdeelt de wereld zelfs niet simpelweg in licht en duisternis maar eerder in fel licht en pikzwarte duisternis. Er bestaat geen overgangsgebied, geen ruimte voor compromis: het is 'het een of het ander'.

Zo er ooit een sekte bestond die de sektarische denkwijze het volmaaktst liet zien dan is het wel de Dode Zee-sekte (ook wel bekend als de Qumransekte of de Essenen). De Dode Zee-sekte is duidelijk een sekte, en zijn geschriften zijn duidelijk heterodox, toch heeft Edna Ullmann-Margalit gelijk als ze in haar boek *Out of the Cave* betoogt dat er niet duidelijk een kerk en een orthodoxie is waartegen de sekte en zijn geschriften afgezet kunnen worden.[6]

Een van de sektarische Dode Zee-rollen gaat over de apocalyptische oorlog, 'De oorlog tussen de zonen van het licht en de zonen van de duisternis', een oorlog waaraan de sektariërs zich voorstellen deel te nemen. De sektarische denkwijze vertoont een belegeringsmentaliteit, altijd verstrikt in een oorlog tussen de zonen van het licht en de zonen van de duisternis. Het is niet zomaar een oorlog: uiteindelijk is het een permanente oorlog. De cruciale slag, Armageddon, mag dan plaatsvinden aan het eind der tijden, de oorlog is echter continu. De sektariërs zijn op hun hoede. Voortdurend vallen ze hun sektarische broeders vanuit een morele hinderlaag aan om te zien wie de zaak gaat verraden en zich bij de kinderen van de duisternis zal aansluiten. De morele hinderlaag is inderdaad het grote kenmerk van de sektariër, die onophoudelijk op zoek is naar tekenen van dissidentie, het niet erop nahouden van de correcte visie. Een bereidheid tot compromis is het eerste teken waar de sektariërs vanuit hun hinderlaag naar op zoek zijn, als een zeker teken dat er verraad zal worden gepleegd.

Zelfs de amish, met hun spreekwoordelijke vermogen tot vergeving, zullen als pijler van hun levenswijze dit vers aanhalen: 'Vormt geen ongelijk span met ongelovigen, want wat heeft gerechtigheid gemeen met wetteloosheid, of welke gemeenschap heeft het licht met de duisternis?' (2 Korintiërs 6:14).

Het sektarische manicheïsme kan ook een mildere vorm aannemen. De sektariër claimt een monopolie op alle waarden. Buiten de sekte bestaat er geen goede waarde. Buitenstaanders kunnen voor de sekte dan echter nog wel van instrumentele waarde zijn. In de ogen van de meest ultraorthodoxe sektariërs hebben seculiere joden geen enkele waarde, maar ze kunnen van instrumentele waarde zijn als hun belastinggeld naar de ultraorthodoxe gemeenschap wordt gesluisd.

De revolutionaire partij monopoliseert alle waarden. Maar af en toe vormt de partij om macht te verwerven een front met zogenaamd progressieve elementen. De progressieven zijn van instrumentele waarde vanwege hun potentiële bereidheid een front te vormen voor de partij. Een dergelijke alliantie is echter voorlopig en legt een druk op de meer sektarische leden die strikt manicheïstisch zijn – bijvoorbeeld degenen die geloofden dat er geen verschil bestond tussen de sociaaldemocraten van de Weimarrepubliek en de nazi's. Dit brengt ons naar een verwant aspect van de manicheïstische wereldvisie van de sektariër: de obsessie met reinheid.

Reinheid en corruptie

De Dode Zee-sekte is paradigmatisch in zijn obsessie met reinheid. Het aantal rituele baden in het dorre gebied van de Essenen nabij de Dode Zee is verbijsterend groot. Dat geldt ook voor hun handleidingen over reinheid. Sektariërs zijn werkelijk geobsedeerd door reinheid, of het nu gaat om rituele hygiëne, onschuldige vrijwaring van kwaad en schuld, kuisheid, zuiverheid van de leer of zelfs zuiverheid van de taal. Puriteinen maakten zich druk om het vervloeken van God. Politiek-correcte puriteinen maken zich druk om het vervloeken van minderheden.

Eén krachtig idee dat verbonden is met de notie van het heilige is het onderworpen-zijn aan beperkingen. De beperkingen zijn bedoeld om het goddelijke te vrijwaren van menselijke verontreiniging en om mensen te vrijwaren van de gevaarlijke aanwezigheid van het goddelijke – om hen door reinheid tegen het goddelijke te beschermen. Het toedienen van het heilige is iets wat de religieuze sektariër sterk bezighoudt. Het beheer van beperkende praktijken en taboes is wezenlijk voor religieuze sektes.

Het religieuze idee van reinheid en taboe dringt de politiek binnen, soms met goed gevolg. Zo blijft Thomas Schelling ons eraan herinneren dat het taboe op het gebruik van atoomwapens ons tot nu toe heeft beschermd.[7] Eerder dankzij het taboe dan door de utilitaire berekeningen van winst en verlies zijn deze wapens niet ingezet. Atoomwapens worden opgevat als de ultieme verontreiniger – en terecht. Er bestaat natuurlijk wel een schadelijk gevolg van het idee van zuiverheid, namelijk het idee van raszuiverheid.

Zuiverheid is niet zozeer gebaseerd op het idee om de dingen hun juiste plaats toe te wijzen als op de angst om categorieën te vermengen. De categorieën die het meest uit elkaar gehouden moeten worden zijn die van het heilige en het profane. Maar de categorieën van heiligheid in de verschillende religies dienen ook onderscheiden te worden. De sektarische denkwijze, geobsedeerd door reinheid in enigerlei vorm, beschouwt het compromis als een daad van verontreiniging. Het compromis bestaat uit onderhandelingen met degenen die bezoedeld zijn en er komt dus een vermenging van categorieën aan te pas. Als er twee religies zijn – bijvoorbeeld de twee die we al noemden, hindoeïsme en islam –, die delen wat voor de hindoes de geboorteplaats van Rama en voor de moslims de moskee van Babur is, is dat het vermengen van categorieën, zo ongeveer als joden en moslims die delen wat voor joden de Tempelberg en voor moslims het Edele Heiligdom is. Het gevoel dat categorieën worden vermengd kan door gewone gelovigen van deze religies worden ervaren, maar voor de sektariërs van Vishnu Hindu Parishad (VHP) of voor de Joodse Getrouwen van de Tempelberg is alleen al de gedachte aan een compromis, laat staat onderhandelen, een gruwel.

In het algemeen is de sektariër een voorstander van zuivering en scheuring om de integriteit van wat zuiver zou moeten blijven vast te houden. *Shit* is de ontkenning van het reine. De sektariër hunkert naar een leven zonder *shit*. Compromis is een essentieel onderdeel van de *shit*-wereld.

Verwant aan het sektarische idee van reinheid is het correlaat ervan – het idee dat de wereld rondom de sektariër intens corrupt en corrumperend is. Dit kan *metafysische corruptie* inhouden en het kan *menselijke corruptie* inhouden (persoonlijk of institutioneel); heel vaak betekent het beide. Vele sektes houden de wereld voor metafysisch corrupt. In hun visie is het feit dat de materiële wereld onderworpen is aan verval en bederf van groot belang. De materiële wereld is corrupt, daarentegen is de spirituele wereld eeuwig en niet aan bederf onderhevig.

Het corrupte karakter van de materiële wereld wordt soms de mensheid verweten – 'de zondeval' – en soms een kwade god – in het geval van de gnostiek. Sektes die de wereld voor metafysisch corrupt houden, sluiten zich meestal af van de materiële wereld, om zo het reine leven van de geest te kunnen leiden. Ze zien het materialistische leven als iets wat je leven op zeer fundamentele wijze compromitteert (compromitteert in de zin dat de waarde van je leven sterk daalt).

De sektariër heeft gewoonlijk sterk het idee dat hij leeft in een corrupte samenleving waarvan hij zich afzijdig zou moeten houden. De sektariër verzamelt gretig tekenen van corruptie. Het compromis is voor de sektariër zo'n teken: een teken van dubbelhartigheid, vunzigheid en verraad – dit alles en nog meer associeert de sektariër met de geest van het compromis als zodanig.

Sektes en geheimen

De sektarische houding staat vijandig tegenover het compromis. Sektes zijn over het algemeen echter minderheden in een vijandige omgeving. Sommige sektes worden actief vervolgd. Andere hebben goede redenen om voor vervolging te vrezen. Hoewel sektes het martelaarschap als de hoogste religieuze vervulling waarderen, vereisen niet alle sektes een geloofsverkondiging ten overstaan van ernstig gevaar. Sektes, vooral sektes met een verleden van vervolging, ontwikkelen overlevingstechnieken om de gelovigen te beschermen. De beroemde islamitische leer van de verhulling (*takiyya*), die vooral met de sjiitische islam werd vereenzelvigd, is een duidelijk voorbeeld. In tijden van potentieel gevaar staat deze de gelovigen toe om in hun openlijke gedrag en uitlatingen hun ware overtuigingen te verhullen. Ze moeten die ware overtuigingen echter wel in hun hart bewaren.[8]

Het compromis dat bij *takiyya* komt kijken is niet het soort vrijwillige overeenkomst tot een wederzijdse concessie die we hier bespreken, maar het is niettemin een compromis: het bij mogelijk gevaar sluiten van een compromis wat je religieuze principes betreft.

Een taxatie maken van de mogelijke schade die verhulling rechtvaardigt, behoort inderdaad tot de overwegingen van verschillende sektes. Zo is bekend dat de Ismaili, de op een na grootste tak van de sjiieten, een tamelijk verfijnde berekening heeft ontwikkeld om de kans op gevaar dat *takiyya* rechtvaardigt vast te stellen. Waar het echter om gaat is dat zelfs sektes met een sterk gevoel voor rechtlijnigheid en een sterke afkeer van verhullen, zoals het ibadisme, de leer van *takiyya* bedrijven. Ze zien het als het gewaad dat de gelovige nodig heeft om in een vijandige wereld zijn religie overeind te houden.

Een andere rechtvaardiging van verhullen treffen we aan in de katholieke kerk onder de leer van *accommodatie*, een leer die sterk verbonden is met de jezuïeten.[9] Accommodatie begon als een hermeneutische leer om de formulering van een tekst in gewijzigde omstandigheden aan te passen. Maar ging vervolgens veel verder. We zien hoe ver als we naar het optreden van twee beroemde zestiende-eeuwse jezuïtische missionarissen naar China kijken: Matteo Ricci en Michele Ruggieri. Zij pasten God aan aan de confuciaanse hemel (*t'ien*). De jezuïeten werd er door hun critici, protestanten én katholieken, van beschuldigd dat ze huichelaars waren en geneigd tot samenzwering. De term 'jezuïtisch' kreeg in onze taal de betekenis van dubbelhartigheid. De jezuïeten zijn een geestelijke orde, geen sekte, maar de geschiedenis van de orde, vooral in de periodes van verbanning uit verschillende katholieke landen, vertoont veel sektarische trekken, in ieder geval in de ogen van hun critici.

Waarmee ik wil zeggen dat hoewel sektes en sektariërs krachtige bepleiters van zuiverheid zijn, ze absoluut geen transparantie bepleiten. Daarvoor bestaan twee met elkaar verbonden redenen. Een die ik net noemde is – historisch – dat sektes werden vervolgd of in voortdurend gevaar verkeerden om te worden vervolgd. Veel sektes kozen dus voor verhulling als manier om te overleven, wat op zijn beurt sterke verdenkingen wekte dat sektes geheime verenigingen waren die de staat in gevaar brachten. Binnen sektes vond een vreemde dialectiek plaats. Overal beschuldigen sektariërs de orthodoxie van georganiseerde hypocrisie, maar zelf worden ze gedwongen hun eigen overtuigingen en praktijken te verhullen, waardoor hun eigen leden weer beschuldigd worden van hypocrisie.

De tweede reden voor het gebrek aan transparantie onder sektariërs heeft te maken met hoe sektariërs canonieke teksten lezen: als gecodeerde boodschappen die alleen duidelijk waren voor de elite onder de sekteleden (allemaal of enkelen). Deze lezing wijkt af van de openbare orthodoxe standaardinterpretatie. De orthodoxie wordt ervan beschuldigd de ware betekenis van de canonieke teksten te vervalsen, en op haar beurt beschuldigt zij de lezing door de sekte van ketterij. Dit is bijna verworden tot een gemeenplaats.

De esoterische tendensen van de sektariërs bracht hen ertoe om te geloven dat niets is wat het lijkt en dat al het belangrijke verborgen is. Aandacht besteden aan uiterlijke interpretaties is oppervlakkig. De waarheid is diep verborgen, nooit aan de oppervlakte.

Deze esoterische tendensen brachten sektariërs niet alleen tot elitarisme, maar ook tot een hiërarchie – niet iedereen kan de geheime lezing worden toevertrouwd, zelfs sekteleden niet die, vooralsnog, niet zijn ingewijd. Hoe geslotener de sekte is, des te meer we kunnen verwachten dat deze hiërarchisch is, en vandaar minder democratisch. De diepste geheimen worden nooit toevertrouwd aan nieuwkomers. De sekteleden worden in etappes in de geheimen ingewijd. De mate van toegang tot de geheimen hangt af van de rang van het lid binnen de hiërarchie.

In zijn briljante behandeling van het thema esoterisme in religie en politiek ontdekte Moshe Halbertal een nauwe relatie tussen esoterische tendensen en de tendens om uitvoerig gebruik te maken van samenzweringstheorieën.[10] Deeltjesfysici geloven dat de ware werkelijkheid verborgen is, maar ze geloven niet dat de wereld ze opzettelijk verbergt. Het sektarische esoterisme meent gewoonlijk dat het wereldraadsel opzettelijk verborgen is. De wereld wordt gestuurd door een grote samenzwering. De sektariërs geloven dat ze een verlossingsschema hebben ontcijferd waardoor ze duivelse samenzweringen kunnen overwinnen op grond van geheime overeenkomsten tussen kwade krachten die verhinderen dat de wereld rechtvaardig wordt bestuurd. Gnostische sektes zijn een typerend voorbeeld van deze manier van denken, maar ze zijn niet de enige. Seculiere sektariërs, die geloven dat ze een verlossingsschema van historische wetten hebben ontcijferd, geloven ook dat degenen aan de verkeerde zijde van het verlossingsschema, de verliezers in de historische vooruitgang, alles wat in hun vermogen is zullen doen om de mars van de geschiedenis tegen te houden en voortdurend zullen complotteren tegen de krachten van de vooruitgang. De samenzweerders regeren nu de wereld – maar niet in de toekomst. Elk compromis met de bestaande orde komt neer op samenwerking met deze krachten die aan verkeerde kant van de geschiedenis staan.

Radicale sektariërs geloven dat liberalen jezuïtisch handelen, van kleur verschieten als een kameleon en hun manipulerende belangen verbergen in naam van tolerantie en pluralisme. Zodra de door liberalen gekoesterde belangen in gevaar komen, laten ze hun tanden zien.

De sektariër bespeurt een ongelijkheid tussen enerzijds de liberale ideologie die transparantie bepleit en anderzijds de liberale heersers die transparantie een hinderlijke belemmering vinden. Transparantie stelt de heersers bloot aan kritiek die ze niet leuk vinden. Ze neemt het aureool weg boven hun aanspraak op superieure kennis en een superieur oordeel, en onthult hen als kwetsbare menselijke wezens. Ze hebben het gevoel dat het afbreuk doet aan hun vermogen tot regeren.

Transparantie is inderdaad een obstakel om tot dubieuze, inferieure en kwalijke overeenkomsten te komen. Belangrijker nog, het maakt het lastiger om rotte overeenkomsten te sluiten. Geheime overeenkomsten, of geheime toevoegingen aan openbare overeenkomsten, zijn gewoonlijk de plek waar de rottigheid zijn onheil aanricht. Zelfs regimes die niet op de publieke opinie waren afgestemd, zoals nazi-Duitsland en de Sovjet-Unie, hadden in hun openbare Molotov-Ribbentroppact behoefte aan de opname van een geheim protocol, en gedurende vele jaren zou de Sovjet-Unie het bestaan van een dergelijk protocol ontkennen. Pas in november 1989 nam het nieuwe, democratisch verkozen Sovjet Volkscongres een reso-

lutie aan die het bestaan van geheime protocollen toegaf en ze veroordeelde.

Niet alle sektariërs menen dat hun overtuigingen esoterisch zijn. Sommige vinden dat ze transparant en voor de hand liggend zijn.

De sektarische denkwijze vertoont een specifieke houding tegen-over dwaling. Degenen die het mis hebben vergissen zich niet al-leen, ze zijn slecht. Ze ontkennen de waarheid uit ontaarding en niet als gevolg van een vervormde kennis. Vanwege het transparante en vanzelfsprekende karakter van de waarheid dient de verklaring voor de ontkenning ervan niet in kennis, maar in een stellige intentie gezocht te worden. De kwade wil van degene die dwaalt verhindert hem het licht te zien. Ze zijn kwaadwillig en ze zijn niet alleen slecht geïnformeerd. Hun dwalingen zijn zondig, omdat hun levens zijn gebaseerd op verdorven morele overtuigingen. Ze hebben het niet alleen mis – ze zijn zondaren die haat mogen verwachten. Sektariërs zijn haters. Ze haten niet alleen de dwaling maar ook degenen die dwalen. Voor de sektariër bestaan er geen onbevlekte *pre*concepties, alleen maar erfzondaren.

Er bestaat een tak van het sektarisme die gelooft dat de waarheid voor iedereen is – voor iedereen met een zuiver hart. Niets is echt verborgen. Anderen ontkennen het voor de hand liggende omdat ze halsstarrig zijn en vasthouden aan hun oude overtuigingen om-dat ze zelf tot op het bot rot zijn.

Sektarisme en sectorisme

Ik groeide op in een sectorale samenleving, een samenleving ver-deeld in verschillende sectoren. De sector waartoe ik behoorde was die van de arbeidersbeweging. Het Israël van vóór de staat was vanaf het prille begin door en door sectoraal. Er was de burgerlijke sector, die mijn ouders de bourgeoissector noemden, en dan waren er de religieuze sector en ultrareligieuze sector. De overheersende was echter de arbeiderssector. Deze sectoren waren verder onderver-deeld. De kranten die we thuis lazen behoorden tot onze sector; de school die ik bezocht behoorde tot onze sector; de jeugdbeweging, de sportclubs, onze liedjes en vakanties werden door de sector vormgegeven; onze buurt, onze kleding, zelfs onze hele outfit waren sectorisch, en dat gold ook het theater, de bioscoop en het restaurant. Alle voorzieningen die normaal door een verzorgingsstaat werden verschaft, zoals gezondheidszorg en onderwijs, werden door sectoren verschaft.[11]

Kortom, elke aspect van het leven viel onder de sector. Er waren enkele stilistische variaties binnen de sectoren dankzij hun onderverdelingen, maar de sectoren waren voor het grootste deel alomvattend. Toen de noodzaak ontstond een nationaal voetbalteam te formeren, stuurden de arbeidersteams vijf spelers van Hapoel, de burgerlijke sector stuurde vijf spelers van Maccabi en de ultranationalisten stuurden een speler van Betar. Twee broers uit Betar verdienden het om in het team te worden opgenomen, maar ze moesten elkaar aflossen omdat aan hun sector maar één speler was toegewezen. De sectorische samenleving is primair en vooral gebaseerd op ergens thuishoren, prestaties komen pas daarna.

Ik kan me makkelijk voorstellen dat de realiteit die ik schilder feitelijk niet verschilt van de realiteit van de wagenrennen in Byzantium (ongeveer 532 na Christus) toen de Blauwen en Groenen niet alleen twee rivaliserende teams waren maar ook twee 'totaalpakketten'.[12] Dit pakket bestond onder meer uit hun visies op de natuur van de godheid. Is er één natuur (het monofysitische Groene team), of zijn er twee naturen (het chalcedonische Blauwe team)? Misschien zijn de protestantse Rangers en de katholieke Celtics in Schotland niet alleen twee voetbalteams maar ook twee van dat soort rare pakketten.

Elke sector in de sectorische samenleving van mijn jeugd bezat een totaalvisie op wat goed was voor de hele samenleving. De sectorische samenleving was een rivaliteit tussen deze maatschappijvisies, die in hun verschillende manieren van leven tot uiting kwamen. Er was echter één ding dat verhinderde dat de sectorische samenleving van mijn jeugd afzakte tot sektarisch geweld. Er bestond namelijk een diepe betrokkenheid om samen te leven. Die was gebaseerd op een vaag maar sterk gevoel van Joodse solidariteit en, voor de meeste sectoren, eveneens op het verenigende thema zionisme: de creatie van een nationaal thuis voor alle Joden.

Zowel de sektarische als de sectorische mens gaat om met de wereld in totaliteit. Hun opvattingen en praktijken vormen een totaalpakket: graag of niet. Dit staat in contrast tot de economische visie op de politiek, waarin we met de wereld op detailbasis omgaan: vele transacties kunnen gesloten worden, en het gaat dus niet om graag of niet.

Toch heeft de sectorische mens, in tegenstelling tot de sektariër, een doorslaggevende betrokkenheid bij een gedeeld kader. Deze betrokkenheid vraagt om enkele compromissen die de sectorische mens met tegenzin zal aanvaarden maar de sektariër zal afwijzen. De sektariërs voelen niet de kracht van de noodzaak tot een compromis te komen, alleen maar om het leven te delen met degenen die het met hen oneens zijn. Mogelijk worden ze gedwongen om een publieke ruimte met anderen te delen. Maar dwang is geen compromis.

Sectorische mensen zijn in tegenstelling tot sektariërs geïnteresseerd in aantallen. Ze proberen de samenleving te bekeren en deze naar de vorm van hun sector te modelleren. Geïnteresseerd zijn in aantallen maakt ontvankelijk voor compromissen. In ieder geval voelen sectorische bewegingen zich verantwoordelijk voor hun achterban, en dat brengt hen ertoe naar compromissen te streven, zelfs tegen hun eigen instincten in. Bewegingen als de Palestijnse Hamas, de Libanese Hezbollah, en de Israëlische sefardische Shas zijn eerder sectorische dan sektarische bewegingen.[13] In tijden van crisis, veroorzaakt door zwakke en corrupte regeringen, worden sectorische bewegingen echter sektarisch.

Een sektarische oorlog

Sinds de Tweede Wereldoorlog hebben er vijfmaal zoveel burgeroorlogen plaatsgevonden als oorlogen tussen staten. Deze oorlogen worden met grote bitterheid gevoerd. Een interstatelijke oorlog duurt gemiddeld minder dan drie maanden, terwijl een burgeroorlog gemiddeld ongeveer zes jaar duurt. Het totale aantal in burgeroorlogen omgekomen mensen is ongeveer vijfmaal dat van het aantal slachtoffers in interstatelijke oorlogen.[14]

Sommige burgeroorlogen worden als sektarische oorlogen bestempeld, zoals de burgeroorlog tussen protestanten en katholieken in Noord-Ierland, tussen Grieks-Cyprioten en Turks-Cyprioten op Cyprus, en tussen sjiieten en soennieten in Irak. Het zijn schoolvoorbeelden van sektarische burgeroorlogen.

Elke sektarische oorlog is een burgeroorlog, maar niet elke burgeroorlog is een sektarische oorlog. We noemen een oorlog sektarisch als en uitsluitend als er aan de strijdende groepen een religieuze dimensie zit. Dit betekent niet dat een sektarische oorlog noodzakelijk over religie gaat. Het betekent echter wel dat de partijen van het conflict zich identificeren door middel van religieuze etiketten. Ik durf te beweren dat wat van belang is om burgeroorlogen te begrijpen niet zozeer is of het conflict over religie gaat, maar of de partijen van het conflict in de greep van de religieuze visie op de politiek verkeren.

Thucydides was misschien de eerste geschiedschrijver die een beschrijving probeerde te geven van de voorwaarden voor een burgeroorlog – *stasis*. Hij keek naar een burgeroorlog met de afschuw die hij verdient. Wat Thucydides zo gruwelijk en raadselachtig aan een burgeroorlog vond was de ineenstorting van een organische politieke eenheid, van de Helleense stadstaat, de *polis*.[15] Het raadselachtige was de bitterheid waarmee werd gevochten. De interne strijd waar hij als model voor alle burgeroorlogen aan dacht deed zich voor in het vierde jaar van de Peloponnesische Oorlog (427 voor Christus), op Corcyra. Deze oorlog werd gekenmerkt door wederzijdse slachtingen, verachtelijke daden van verraad, ontwijding van religieuze heiligdommen en volstrekte wetteloosheid. Omdat hij een burgeroorlog zag als iets wat plaatsvond in een zogenaamd organische politieke eenheid, beschouwde hij burgeroorlog in medische termen als een ziekte. Een gezond organisme leeft in harmonie. Thucydides' voornaamste observatie is dat een burgeroorlog gewoonlijk plaatsvindt in de context van een buitenlandse oorlog, zoals bij de Peloponnesische Oorlog.

Een buitenlandse oorlog kan zoveel druk op organische politieke eenheden leggen dat ze uiteenvallen. Als u mij het anachronisme toestaat: Thucydides zou de Amerikaanse oorlog in Irak als voornaamste oorzaak hebben aangegeven voor de Iraakse burgeroorlog. Anderzijds zou hij Irak niet als een 'organische' politieke eenheid hebben gezien. Geen enkele politieke eenheid is dan ook echt organisch. Het organische beeld van de politiek is beïnvloed door een religieuze mythe. Het idee dat de kerk het lichaam van Christus (Corpus Christi) is, is een uiting van dat idee.

Sommige recente lessen: broederoorlog

Een burgeroorlog binnen een gemeenschap van gelovigen is een vreselijke religieuze zonde. Dit is de islamitische notie van *fitna* (interne strijd) binnen de *oemma* (de gemeenschap van gelovigen). De eerste islamitische burgeroorlog die de breuk tussen sjiieten en soennieten veroorzaakte geldt als de eerste en belangrijkste *fitna*. Onder moslims, vooral soennieten, is de islamitische *fitna* de ergste religieuze gruwel: hij wordt gezien als op hol geslagen sektarisme.[16]

Veel Palestijnen beschouwen de huidige breuk in de Palestijnse gemeenschap tussen Hamas en Fatah als een tragisch geval van *fitna*.[17] Ze delen Thucydides' opvatting over de oorzaken van de huidige *fitna*, namelijk de Israëlische oorlog van buitenaf tegen de Palestijnen, maar de interne strijd wordt door beide partijen gezien als *fitna*, waarbij elke partij de ander de schuld geeft deze religieuze zonde te hebben veroorzaakt. De huidige Palestijnse *fitna* gaat gepaard met een parallelle vrees voor burgeroorlog onder de Joden in Israël als er een compromis met de Palestijnen wordt bereikt. Indien de moslims met afschuw naar de eerste islamitische *fitna* kijken, dan kijken de Joden met afschuw naar de interne oorlog die door hun fanatici wordt gevoerd, alsof ze in het jaar 70 onder Romeins beleg stonden. Joden noemen zo'n interne strijd *milkhemet ahkheim*, broederoorlog.

De ideologische Joodse kolonisten in de bezette gebieden aarzelen tussen twee posities: sectorisme en sektarisme. De testcase is wat de kolonisten zullen doen als de regering, gesteund door een parlementaire meerderheid, besluit om de nederzettingen – allemaal, of de meeste – te ontruimen binnen het kader van een overeenkomst met de Palestijnen. Zullen de kolonisten kiezen voor burgeroorlog, het besluit met geweld aanvechten, of zullen ze alleen maar luid protesteren? De sectoristen zullen krachtig protesteren maar zullen niet gaan vechten. Ze zijn gecommitteerd aan een allesomvattend principe van samenleven, en ze zullen ervoor terugschrikken om in een confrontatie met de meerderheid echt kruit te verschieten. Op hun beurt zijn de sektariërs vastbesloten om zich ten koste van alles tegen ontruiming te verzetten en zijn ze bereid een interne oorlog te riskeren.

Ten tijde van de ontruiming van de nederzettingen in de Gaza-strook waren de sectoristen in de sterkste positie. Maar de West-bank is niet Gaza, en onder de jonge ideologische kolonisten lijken de sektarische fanatici aan kracht te winnen. Zowel sectoristen als sektariërs willen iedereen doen geloven dat ze klaar zijn voor een burgeroorlog, zodat het politieke centrum in Israël hun eisen zal inwilligen. Ze geloven dat de meeste Israëliërs die mogelijk een overeenkomst met de Palestijnen zouden steunen, van die steun zullen afzien als de prijs daarvoor interne strijd is. Ze geloven dat de meerderheid van de Joden liever een conflict tussen Joden en Arabieren heeft dan een conflict tussen Joden en Joden. Sectoristen en sektariërs onder de Joodse kolonisten delen de overtuiging dat als ze de rest van de samenleving hun bereidheid om met geweld te vechten overbrengen, de meerderheid van de Joden in Israël ervan zal afzien de confrontatie met hen aan te gaan.

De huidige poging om tot een overeenkomst tussen Israël en de Palestijnen te komen staat onder druk van zowel de angst voor een Palestijnse *fitna*, waarbij Hamas een overeenkomst met Israël kan vetoën, als van een Israëlische angst voor een broederoorlog, waarbij ook de kolonisten hun veto kunnen uitspreken over een overeenkomst. Om in die situatie te geloven dat een compromis binnen handbereik is, vraagt om een nogal groot geloof.

De vraag of de kolonisten in grote lijnen sektariërs of sectoris-ten zullen zijn, net zoals vraag als de vraag of Hamas sektarisch of sectorisch zal zijn, is van cruciaal belang voor de toekomst van een uiteindelijk compromis, maar alleen de tijd zal het leren.

De tegenpool: de liberale denkwijze en de denkwijze van een sociaal-democraat

In de liberale denkwijze zou de geest van het compromis de politiek leven moeten inblazen. De geest van het compromis bezielt het compromis met een sterk gevoel van erkenning van de waarden en belangen van anderen. Ze valt samen met de geest van tolerantie ten opzichte van ongewenste overtuigingen en gedrag.

Compromis en tolerantie zijn voor de liberale denkwijze dus twee zijden van dezelfde medaille, waarop de liberaal als icoon op beide zijden zou moeten worden afgebeeld.

Tolerantie en daarbij compromis lijken erg raadselachtig te zijn. In de elementaire logica is ons allen geleerd dat een ad hominem-argument een schoolvoorbeeld van een drogreden is. Het oogmerk van zo'n drogreden is pijnlijk bekend.

Als A beweert dat p, en er is iets mis met A, dan concluderen we dat p onwaar is. Het lijkt erop dat door tolerant te zijn men het omgekeerde van een ad hominem-drogreden begaat.

In de omgekeerde ad hominem-drogreden: A beweert dat p, en we denken dat dit onwaar is. Ten aanzien van A weten we echter dat er iets klopt. Dus concluderen we dat er ook iets moet kloppen ten aanzien van p.

Op grond van onze wens om A te erkennen, gaan we A's bewering erkennen als een reden om ons gedrag aan te passen, ook al geloven we dat A's bewering, op zijn merites beoordeeld, een slechte reden of geen reden is.

Anders gezegd: in een poging om positief te zijn over degene die wat beweert (de hominem) aanvaarden we ten dele iets waarvan we geloven dat we het zouden moeten afwijzen.

Als een ad hominem-argument ongeldig is voor zover het zich richt op degene die wat beweert in plaats van op de essentie van de bewering, dan geldt hetzelfde in het geval van tolerantie en compromis.

Gezien het raadselachtige karakter van het compromis uit tolerantie, zal de vijand van de liberaal snel klaar staan om twee tegengestelde werktuigen uit zijn polemische gereedschap in te zetten tegen de liberaal. Met één stuk gereedschap – het te lijf gaan van de geest van compromis uit tolerantie – wordt de liberaal door de vijand aangevallen vanwege zijn volledig gebrek aan overtuiging en vanwege de bereidheid elke positie af te zwakken om zich maar aan te passen. De liberaal is een schaap in wolfskleren. Met het andere werktuig wordt de liberaal aangevallen omdat hij gewoon een ander type sektariër is. Dit werktuig transformeert de liberaal in iemand die subversief de geest van het compromis bevordert om zo de leer van een neutrale publieke ruimte op te kunnen leggen: een ruimte waarin er geen plaats is voor het concept van het goede en met name niet voor religieuze ideeën over het goede leven. De liberaal is een seculiere sektarische wolf in schaapskleren.

Een polemische uitrusting bestaat gewoonlijk niet zozeer uit leugens als uit halve waarheden. Het idee is dat twee halve waarheden, wanneer ze gericht worden op een vijand van formaat, als uitkomst een grote waarheid geven. Een polemische uitrusting tegen de joden maakte bijvoorbeeld gebruik van deze twee gereedschappen: ze zijn verantwoordelijk voor het veroorzaken van het kapitalisme en ze zijn ook verantwoordelijk voor het veroorzaken van het communisme. Net zoals de beschuldigingen tegen de Joden zijn de twee beschuldigingen tegen de liberaal eerder halve waarheden dan totale onwaarheden: de ene halve waarheid is dat het de liberaal geheel aan overtuigingen ontbreekt; de andere is dat de liberaal vol verhulde overtuigingen zit.

Als de liberaal zich uitgeeft als tegenpool van de sektariër, dan staat de sociaaldemocraat pal aan zijn zijde. Met een sociaaldemocraat bedoel ik iemand die erin gelooft om een overheid met democratische middelen te dwingen een volk naar een steeds rechtvaardiger samenleving te loodsen.

Kan een sociaaldemocraat sektarisch zijn? Kan een sociaaldemocraat sectorisch zijn? Mijn korte antwoord op de eerste vraag is: nee. Mijn korte antwoord op de tweede is: dat hangt er vanaf. Helaas hebben we niet veel aan korte antwoorden.

Het is overduidelijk dat het toonbeeld van een sociaaldemocraat (bijvoorbeeld een kruising tussen Hjalmar Branting uit Zweden, Jean Jaurès uit Frankrijk en Hugh Gaitskell uit Groot-Brittannië) het negatief van de sektarische geest is. Alle kenmerken die ik vermeldde als typerend voor de sektarische denkwijze zullen door de ideale sociaaldemocraat worden geloochend: de elitaire ongeïnteresseerdheid voor aantallen, de manicheïstische wereldvisie, het narcisme van onbeduidende meningsverschillen – en voeg daar nog een andere karakteristieke eigenschap aan toe: de houding tegenover *vergissingen.*

Bij de visie op de politiek als religie komt de opvatting dat vergissingen in de politiek zondig zijn. Het zijn nooit alleen maar cognitieve missers. De sektariër is geneigd de vergissingen van zijn vijand als doodzonden te beschouwen. Een verzachtende omstandigheid in het religieuze denken en gevoel over zondige dwaling is het idee van de menselijke zwakte. De sektariër ontleent aan de religieuze visie het idee van zondige dwaling, maar is niet afgestemd op het idee dat erbij hoort, het idee van menselijke kwetsbaarheid. In de visie van de sektariër is een dwalende zondaar geen gevallen mens maar een gevallen engel – een demon.

In de economische visie op de politiek moet een prijs betaald worden voor de gemaakte vergissingen. Maar vergissingen zijn geen overtreding van hogere geboden (geboden van God of het gebod van de geschiedenis). Vergissingen zijn cognitieve missers, geen morele missers. Er bestaat in de economische visie erg weinig ruimte voor mededogen ten aanzien van de dwalenden, maar er is ook maar erg weinig mogelijkheid om hen als overtreders van de hogere regionen te beschouwen. De sektariërs pakken de onzalige kenmerken van beide visies op en gaan vergissingen zien als zonden die niet om mededogen vragen. Ze maken van elke pekelzonde een doodzonde.

De sociaaldemocratie werkt eerder via vallen en opstaan dan door het aanhouden van een doctrinaire blauwdruk. Dwaling wordt zo gezien als een wezenlijk bijproduct van de sociaaldemocratie. De sociaaldemocratie is gecommitteerd aan het tolereren van vergissingen. Vergissingen zijn geen reden voor verbanning, doodverklaring en verkettering; slechts in extreme gevallen zijn ze gronden voor een breuk. Het idee van de sociaaldemocratie is een open samenleving, wat een samenleving inhoudt waarin alternatieve levenswijzen niet alleen worden getolereerd, maar ook gewaardeerd, zelfs wanneer ze ten dele als een vergissing worden beschouwd. Een open samenleving onderhoudt een intrinsieke relatie met het idee van alternatieven. In een gesloten samenleving bestaat er geen ruimte voor alternatieven, of het nu gaat om alternatieve levenswijzen, alternatieve inzichten of alternatieve beleidspunten. Een gesloten samenleving kan gesloten zijn door het juk van de traditie, door een bruut politieoptreden, door een sektarische geesteshouding of door een combinatie van dit alles. Zij verwerpt alternatieven met als rechtvaardiging dat met alternatieven ook dwalingen binnensluipen. Dus naast de eigenschappen die ik kenmerkend noemde voor de sektarische denkwijze en niet voor de sociaaldemocraat, moeten we een houding tegenover vergissingen toevoegen als belangrijke nieuwe manier om hen te onderscheiden.

Hoe staat het met de houding van de sociaaldemocraten tegenover het compromis? Hoe is het met hen gesteld vergeleken met de vijandigheid van de sektariërs tegenover het compromis?

Historisch gezien is de houding van sociaaldemocraten tegenover het compromis misleidend geweest. Sociaaldemocraten sloten zich bij aan de bourgeoispolitiek in de overtuiging dat het eerder via geheime verkiezingen dan door een kogelregen mogelijk is op korte termijn de omstandigheden voor arbeiders via politieke middelen te verbeteren en op de lange termijn het socialisme tot stand te brengen.

Sociaaldemocraten, in tegenstelling tot revolutionaire socialisten, waren geneigd te geloven dat ze op de lange duur de verkiezingen wel verpletterend moesten winnen. Zo zeer dat ze gemakshalve Marx' verkeerde prognose accepteerden dat in het kapitalisme de middenklasse wel moest verdwijnen, de arbeidersklasse enorm in getal zou toenemen en de rijen van de kapitalisten tot iets onbeduidends zouden afnemen. Gedurende enige tijd leek het daar ook op. Tijdens de hoogtijdagen van de sociaaldemocratische partijen expandeerden ze binnen erg korte tijd enorm. Zo nam de Duitse SPD van 120 000 stemmen in 1875 toe naar 4 250 000 aan de vooravond van de Eerste Wereldoorlog. Reeds in 1890 was ze in Duitsland de grootste partij.[18]

De overtuiging dat de toekomst voorbestemd was via democratische middelen socialistisch te zijn had dus een feitelijke basis. De kapitalisten zouden zich natuurlijk verzetten tegen alle structurele verandering in het kapitalisme, maar omdat ze met te weinig waren om de druk te weerstaan, zouden zij allen door de voorbestemde meerderheid worden weggevaagd. Maar zoals het zich ontwikkelde, kwam deze hoop niet in vervulling. De arbeidersklasse is in de ontwikkelde landen geslonken en de sociaaldemocratische partijen zijn steeds meer vervreemd geraakt van hun arbeidersklassebasis, omdat die basis zoveel kleiner was.

Op hun hoogtepunt bewandelden de sociaaldemocratische partijen een stevig sectorisch pad. Het idee was dat sociaaldemocratische partijen en vakbonden een aparte levensvorm zouden creëren binnen de bourgeoisstaat, zonder een zweem van de kenmerken van de bourgeoisie. Zij geloofden dat dit de sociaaldemocraten in staat zou stellen hun *commitment* aan de radicale verandering naar socialisme vast te houden. Zo werd er een scheiding aangebracht tussen de kortetermijndoelen om arbeidsomstandigheden te verbeteren, wat om nogal wat compromis vroeg, en het langetermijndoel van het socialisme, dat geen ruimte liet voor compromis, afgezien van de *commitment* om dit via democratische middelen tot stand te brengen.

Ik durf te beweren dat de sociaaldemocratie historisch gezien begon als een sectorische beweging. Niemand in de beweging mocht het hardop zeggen, omdat de arbeidersklasse zichzelf zag als een wereldomvattende klasse die opkwam voor de bevrijding van de mensheid in het algemeen, maar die door en door sectorisch was – of ze dit nu toegaf of niet. Dit alles veranderde geheel toen sociaaldemocratische partijen deel gingen uitmaken van bourgeoisregeringen, als ondergeschikte dan wel als leidinggevende partners. Ze gingen om tal van redenen meedoen, waarvan de meest dwingende de noodzaak tot een compromis met de middenklasse was, omdat de basis van hun eigen klasse kleiner begon te worden.

In het gevecht om de sympathie van de middenklasse gingen de sociaaldemocraten nu eerder opkomen voor 'de natie' dan voor de arbeidersklasse. Het was Ben-Gurion, de leider van de Arbeiderspartij in Israël, die de leuze 'Van klasse naar natie' bedacht. Deze leus is veelzeggend.

Sectorisme was voor sociaaldemocraten niet langer een optie: hun arbeidersklassebasis werd te smal om verkiezingen te kunnen winnen. Ze hadden, en hebben nog steeds, behoefte aan bondgenoten in de middenklasse, wat het einde van de sectorische optie betekent.

Dit is dan ook mijn conclusie. Sektarisme is volstrekt onverenigbaar met de sociaaldemocratie: voor de sociaaldemocraten is sektarisme niet alleen een verspilling, maar ook het tegendeel van waar ze voor staan. En sectorisme, ooit in de tijd en conceptueel verenigbaar met de sociaaldemocratie, is niet langer een levensvatbare optie. Dit betekent dat de sociaaldemocraat, net als de liberaal, de geest van het compromis zal moeten omarmen, uit noodzaak, zo niet uit principe.

CONCLUSIE
Tussen kwaad en radicaal kwaad

Van de realiteit van recente sektarische oorlogen en burgeroorlogen keren we terug naar de cruciale Tweede Wereldoorlog en de feiten die eraan voorafgingen. De kwestie is eenvoudig. Als een overeenkomst met Hitler in München rot was, was het dan ook verderfelijk om met Stalin partij te kiezen tegen Hitler?

Bedenk daarbij dat partij te kiezen met het ene rotte regime tegen een andere agressor, zoals toen nazi-Duitsland dat de Sovjet-Unie binnenviel, niet exact hetzelfde is als het tekenen van een overeenkomst die technisch gezien als rot kan worden bestempeld. Het was geen compromis: het was de samenwerking tegen een gemeenschappelijke vijand, die onmiskenbaar de agressor was. De beslissing om met het ene rotte regime partij te kiezen tegen het andere roept echter vragen op die direct betrekking hebben op de aard van rotte compromissen. Daarom zal ik het samen optrekken met de Sovjet-Unie behandelen als een kwestie omtrent een rot compromis, al geef ik toe dat dit technisch gezien niet het geval is.

'De Russische Revolutie en de opkomst van het nationaalsocialisme in Duitsland zijn in onze tijd de twee belangrijkste bewijsbronnen voor de moraalfilosofie, zoals de Franse Revolutie dat was voor Hegel en Marx, en later voor Tocqueville en Mill. Hoewel beide revoluties, zowel in opzet als in werkelijkheid, op grote schaal erg succesvol waren, bestaan er vaak uitgesproken verschillen tussen de kwade effecten zoals gepland én tot stand gebracht.'[1] Deze constatering komt van Stuart Hampshire, een scherpzinnig filosofisch kenner van de twintigste eeuw.

Het is bijna te banaal om te zeggen dat deze twee historische gebeurtenissen de wereld op zijn grondvesten deden schudden. Maar het is minder banaal, maar wel waar, om te zeggen dat ze een verandering in de wereldorde tot stand brachten die op haar beurt ernstige morele gevolgen had. Beide effenden de weg voor onge-

168

kend moorddadige regimes (vooral als we – hoewel indirect – Mao's regime in verband brengen met de Oktoberrevolutie).

Onrechtvaardigheid, niet rechtvaardigheid, voert ons naar de normatieve politiek – despotisme, niet vrijheid. Morele politieke theorie zou moeten beginnen bij de negatieve politiek, de politiek die ons zegt hoe we het kwaad moeten aanpakken nog voordat ons verteld wordt hoe we het goede moeten nastreven. Stalins communisme en Hitlers nazisme zijn misschien de meest verblindend duistere voorbeelden van het kwaad, als u mij deze oxymoron toestaat. De negatieve morele politiek zou dus door deze twee voorbeelden gevormd moeten worden en ons het morele vocabulaire verschaffen dat toereikend is om er het hoofd aan te bieden. De manier waarop we deze twee voorbeelden beoordelen, en vooral de manier waarop we ze vergelijken, is zelfs een testcase voor de toereikendheid van onze morele beschrijving. Zo althans begrijp ik de opmerking van Stuart Hampshire.

De moraal vraagt, net als het proeven van wijn, om voortdurende vergelijkende oordelen. Het zou kunnen, zoals Gilbert Ryle misschien dacht, dat er net als bij wijnproeven niet veel theorie aan te pas komt, maar alleen subtiele variaties op vergelijkende oordelen.[2] Als er al een theorie ontstaat uit de pogingen om dergelijke vergelijkende oordelen samenhangend te maken, dan is het mogelijk een kleine theorie, geen grote.

Eén cruciaal vergelijkend oordeel dat een dergelijke morele theorie test en ons er een voorproefje van geeft is de morele vergelijking die aangeeft wat bij Stalins communisme en Hitlers nazisme het mindere kwaad is. Bedenk daarbij dat ik ter vergelijking niet het generieke communisme en het generieke fascisme voorleg. Ik ga bijvoorbeeld niet Pol Pot met *generalissimo* Franco vergelijken. De morele vergelijking tussen de regimes van Hitler en Stalin wordt reeds belast door het feit dat Hitler twaalf jaar aan de macht was en Stalin tweemaal zo lang. Wat wil deze dubbele tijdsduur zeggen? Moeten we wat Stalin feitelijk deed vergelijken met wat Hitler gedaan zou hebben als hij zo lang aan de macht was gebleven als Stalin, of moeten we Stalins daden alleen maar vergelijken met Hitlers feitelijke daden? Ik zal feiten alleen maar met feiten vergelijken, en niet feiten met *counterfactuals*. Dus zal ik Stalins feitelijke bewind met Hitlers feitelijke bewind vergelijken, ook al kunnen we ons gemakkelijk de morele verwoesting voorstellen die Hitler zou hebben aangericht als hij tweemaal zo lang aan de macht was gebleven. Maar één ding is duidelijk: de vergelijking tussen Stalins regime en Hitlers regime is meer gefocust en meer bepaald en beperkt naar plaats en tijd dan de algemene vergelijking tussen het generieke communisme en het generieke fascisme.

Churchills oordeel

Op 21 juni 1941, tijdens een diner in Chequers, verklaarde Churchill dat Hitler van plan was Rusland aan te vallen, erop vertrouwend dat hun regeringen vanwege rechtse voorkeuren in Groot-Brittannië en de Verenigde Staten niet tussenbeide zouden kunnen komen. Maar Hitler vergist zich, stelde Churchill, en Groot-Brittannië zal Rusland te hulp schieten. Na het diner kwam de kwestie van hulp aan Rusland weer ter sprake. Mr. Coville, Churchills persoonlijke secretaris, vroeg hem hoe hij, Churchill, de aartsanticommunist, Rusland kon steunen. Komt deze steun voor Rusland niet neer op een 'zich buigen in het huis van Rimmon' (wat zijn principes verloochenen betekent)?[3]

Churchills secretaris zinspeelde hiermee op de Aramese militaire commandant Na'aman, die, nadat hij door de profeet Elia van melaatsheid was genezen, beloofde om alleen nog God te vereren. Maar vervolgens, bij nader inzien, vroeg Na'aman dat hij zou worden verontschuldigd in die gevallen waarin hij zijn meester, de aardse koning, moest volgen en zich zou buigen voor de Aramese afgod Rimmon. De profeet stond dit verzoek toe. Vandaar dat in de Bijbelse zin buigen in het huis van Rimmon wordt erkend als een noodzakelijk compromis dat niet moet worden afgekeurd.

Zo begrijp ik in ieder geval de vraag die aan Churchill werd gesteld. Zijn antwoord is Churchill ten voeten uit: 'Volstrekt niet. Ik heb maar één doel: de vernietiging van Hitler, en mijn leven is daardoor veel simpeler geworden. Als Hitler de hel binnenvalt, zal ik in het House of Commons om z'n minst één positieve verwijzing naar de duivel maken.'[4]

De volgende dag sprak Churchill op de radio. In zijn toespraak vergeleek hij de twee regimes. 'Het naziregime valt niet te onderscheiden van de slechtste kenmerken van het communisme. Het is gespeend van enig idee en principe, afgezien van machtshonger en raciale overheersing. Het overtreft alle vormen van menselijke slechtheid in de doeltreffendheid van zijn wreedheid en zijn barbaarse agressie. Niemand is een consequenter tegenstander van het communisme geweest dan ik tijdens de afgelopen vijfentwintig jaar. Ik neem geen woord terug van wat ik erover heb gezegd. Maar dit alles verbleekt bij het schouwspel dat zich nu ontrolt. Het verleden, met zijn misdaden, zijn dwaasheden en zijn tragedies, verdwijnt vliegensvlug.'[5] En vervolgens ging hij iets positiefs zeggen over Stalin. Ik denk dat Churchill de juiste morele keuze maakte toen hij met Stalin partij koos tegen Hitler. Ik houd vol dat dit zelfs in overeenstemming is met onze kennis achteraf over Stalins misdaden, waarvan de omvang Churchill niet bekend was.

Er bestaat geen twijfel over het feit dat Stalins ergste misdaden in de jaren voor de oorlog werden begaan, en dat Hitlers ergste misdaden tijdens de oorlog werden begaan. Toen Churchill zijn oordeel velde had Stalin zijn ergste dingen al gedaan, terwijl Hitler zijn ergste dingen nog moest doen. En toch geloof ik dat Churchill gelijk had, niet omdat het slechtste van Stalin niet kon tippen aan Hitlers méér dan allerslechtste, maar omdat Hitlers kwaad een radicaal kwaad was, dat de moraal zelf ondermijnde. Stalins monsterlijke kwaad was anders, en Churchill voelde feilloos het verschil aan toen hij zei dat Hitler één ding vertegenwoordigt: 'raciale overheersing'. Dat zal ik hier beargumenteren.

Je kunt je afvragen of mijn begrip voor Churchills keuze geen oefening in misleid moralisme is. In deze redenering velde Churchill een politiek oordeel, geen moreel: hij achtte Hitler gevaarlijker voor Groot-Brittannië en het Britse Rijk dan Stalin. Ik denk echter niet dat dit het geval was. Churchill was uiteraard begaan met de belangen van Groot-Brittannië, zoals hij die zag. En het is waar dat hij Stalin als minder gevaarlijk beoordeelde dan Hitler, niet alleen omdat Stalin op buitenlands terrein de duivel was die hij kende, terwijl Hitler de nieuwe duivel was. Maar ook omdat Stalins misdaden allemaal naar binnen waren gericht, naar de Russen, terwijl Hitlers misdaden naar buiten waren gericht, naar de vijanden in het buitenland. Hitler was gevaarlijker voor Groot-Brittannië dan Stalin, die in zijn buitenlandse beleid tamelijk voorzichtig was.

Dit alles is feitelijk juist. Maar ik denk dat er in aanvulling op Churchills politieke beoordeling ook een moreel oordeel door hem geveld werd. Zo begrijp ik zijn verwijzing naar 'hel' en 'de duivel' in zijn antwoord aan zijn secretaris. Hij deed een beroep op de hel en de duivel omdat hij dacht dat hij een morele keuze moest maken, niet alleen een politieke keuze. Mijn taak is echter niet het beoordelen van Churchills oprechtheid, maar de deugdelijkheid van zijn morele oordeel.

Churchill velde dit oordeel toen de oorlog al enige tijd aan de gang was. Een van de eerste onderzoeken door Gallup werd echter al in januari 1939 in de Verenigde Staten uitgevoerd, voordat de Tweede Wereldoorlog was uitgebroken. Aan de Amerikanen werd een tamelijk prikkelende vraag voorgelegd: als er oorlog zou uitbreken tussen de Sovjet-Unie en Duitsland, wie zouden ze dan willen dat er won? De score was 83 procent voor een Sovjetoverwinning, tegen 17 procent voor Duitsland.[6] De Amerikanen waren, net als Churchill, geen vrienden van het communisme. En toch, toen ze beide moesten vergelijken, kozen ze duidelijk ook voor Rusland als het mindere kwaad. Ik denk dat, hoe naïef en wereldvreemd deze Amerikanen ook waren, ze feilloos aanvoelden dat er in Hitlers racisme iets boosaardigers school dan in Stalins angstaanjagendheid. Er kan geen twijfel over bestaan dat tegen de tijd dat het onderzoek werd uitgevoerd reeds miljoenen mensen onder Stalin waren vermoord. De door de politiek veroorzaakte hongersnood van 1928-1933 had alleen al de dood van zo'n zes miljoen mensen tot gevolg gehad. Maar zelfs als we de 'zuiveringen' die Stalin in de Communistische Partij ontketende vergelijken met die van Hitler in de Nationaalsocialistische Partij, kon Hitler op dat moment erg weinig laten zien in vergelijking met Stalins liquidatie van 700.000 mensen in de Grote Zuivering van 1937-1938.

Sommige talen kennen een merkwaardige rekenkunde. Ze tellen 'Een, twee, drie', en gaan vervolgens over op 'veel'; boven de drie wordt alles vaag. Omdat ik werd geboren in een tamelijk warm land meende ik dat elke temperatuur onder 0 graden Celsius min of meer hetzelfde is – gewoon erg koud. Pas nadat ik in het buitenland enkele koude winters had meegemaakt, besefte ik dat -10 °C heel anders aanvoelt dan -20 °C. Als het gaat om aantallen vermoorde mensen denken we dat boven een zekere drempel alles vaag wordt, dat het aantal doden doorgaat als 'veel'. Maar moreel zouden aantallen moeten tellen. De moord op twee miljoen mensen is tweemaal zo erg als de moord op een miljoen.

Dit betekent niet dat de zuivere aantallen de indruk die de moord op ons maakt beïnvloeden. Op merkwaardige wijze is bijna het omgekeerde het geval. De Romeinen kruisigden vele duizenden mensen, maar slechts één kruisiging – en die gedurende slechts drie dagen – maakte een gedenkwaardige indruk op de mensheid. Over de dood van Anne Frank werd meer geschreven dan over de anderhalf miljoen andere kinderen die tijdens de Holocaust werden vermoord. Bijna in omgekeerde verhouding tot ons vermogen met de slachtoffers te identificeren dringen aantallen tot ons door. Grote aantallen maken ongevoelig; individuele verhalen zorgen voor levendige indrukken. Maar de morele rekenkunde gaat niet over indrukken.

'Een moord is een moord' is een diepzinnige tautologie. Moreel zouden we alle vermoorden gelijkelijk moeten tellen. Als dit zo is, dan hoeven we voor de vergelijking van Stalins regime met dat van Hitler alleen maar de aantallen van de door beiden vermoorden mensen te tellen. De twee regimes begingen natuurlijk ook andere duivelse daden, maar die verbleken in vergelijking met massamoorden. Laten we dus bij het aantal doden blijven, als we het erover eens zijn dat ze inderdaad werden vermoord en niet gewoon doodgingen.

Volgens het principe dat het leven van elk mens voor één telt, niet meer en niet minder, zou het kardinale kwaad van massamoord gemeten moeten worden naar de kardinale aantallen, en alleen maar naar de kardinale aantallen. Zodra er moord is vastgesteld, wordt dit een bijkomstigheid. In deze visie zouden we geen aandacht moeten besteden aan andere overwegingen en aan andere getallen: allemaal zwakken ze ons morele oordeel af. We zouden bijvoorbeeld niet moeten spelen met ratio's, zoals de ratio van de vermoorden in verhouding tot de totale bevolking, of beginnen met het tellen van kinderen, vrouwen of bejaarden. De relevante bevolking is de mensheid als geheel en niets anders. De ratio van de slachtoffers in verhouding tot de gehele bevolking in de moordpartij in het Cambodja van Pol Pot (een vierde van de bevolking), wat veel hoger is dan de ratio van de slachtoffers in Mao's China (ongeveer een twaalfde van de bevolking), plaatst Pol Pot nog niet in de klasse van Mao. Mao's regime was verantwoordelijk voor vijfenzestig miljoen doden, vergeleken met een krappe twee miljoen in Pol Pots regime.[7]

In de rechtszaal (in ieder geval in sommige rechtszalen) krijgt een seriemoordenaar meerdere veroordelingen tot levenslang afhankelijk van het aantal van zijn of haar slachtoffers. Dit is een symbolisch teken voor het principe dat moord moord is en elk leven gelijkelijk telt, elk op individuele basis. Elk ander principe om de mate van slechtheid in massamoord te beoordelen dat verder gaat dan het aantal vermoorde mensen is verkeerd. In deze visie is genocide niet slechter, qua moord, dan het vermoorden van een vergelijkbaar aantal mensen die niet door religie of etnische verwantschap worden gekenmerkt. De moord bijvoorbeeld op het Boedapest Kwartet is qua moord niet slechter dan de moord op vier andere willekeurige mensen. De genocide op de Joden, en daarmee de vernietiging van hun cultuur, zou niet als slechter mogen tellen dan de moord op koelakken alleen maar omdat koelakken niet tot een culturele groep behoorden maar slechts tot een bureaucratische categorie, die tevoren door Stolypin (1906) van bovenaf was opgelegd. Genocide brengt gewoonlijk ook andere slechte gevolgen toe, die in een anonieme massamoord kunnen ontbreken, zoals de vernietiging van waardevolle levensvormen, of – in het geval van het Boedapest Kwartet – een verschrikkelijk verlies voor de muziek. Maar dit verdere kwaad moet niet worden vermengd met het kwaad van de moord.

Wat genocide echter een gruwelijke misdaad maakt die uitstijgt boven een vreselijke massamoord zonder aanzien des persoons, is dat genocide een uiting is van het korte metten maken met het idee van een gedeelde menselijkheid. Door zich te richten op een specifieke categorie menselijke wezens als wezens die het leven niet waard zijn, verwijdert genocide deze categorie uit de mensheid.

Jonathan Glover heeft ongetwijfeld gelijk als hij schrijft: 'De aantallen mensen die door Stalins tirannie zijn vermoord overtreffen de vermoorden in nazikampen verre.'[8] Maar deze vergelijking vertelt ons lang niet het hele morele verhaal. Heel veel hangt af van wie naar onze mening verantwoordelijk is voor de slachtoffers van de Tweede Wereldoorlog in Europa. Ik zet ze op rekening van Hitler.

Betekent dit dat de om en nabij 700.000 Duitse burgers die gedood zijn door het bombarderen van Duitse steden door de geallieerden opgeteld moeten worden bij Hitlers rekening? Is niet Churchill zelf verantwoordelijk voor het doden van deze Duitse burgers? Moeten Russische soldaten die op het slagveld vechten geteld worden als vermoorde mensen?

De morele telling van de doden in de Tweede Wereldoorlog is inderdaad geen simpele aangelegenheid, zoals het voorbeeld van de door de geallieerden gedode Duitse burgers laat zien. Bovendien klinkt het mij nogal absurd in de oren om alle Duitse soldaten, van wie velen enthousiaste aanhangers van het naziregime waren, te beschouwen als slachtoffers van dat regime – zoals sommige Duitse conservatieven hen nu voorstellen. Maar hoe delicaat het toerekenen van de doden van de Tweede Wereldoorlog ook mag zijn, met daarin lagere aantallen verdisconteerd in alle twijfelgevallen, toch is Hitlers helse rekening zodanig dat deze die van Stalin tijdens de jaren van terreur verre overschrijdt.

Dat wil zeggen: de morele aansprakelijkheid voor de doden is geen simpele mechanische telling van lichamen. De lichamen van soldaten van het Rode Leger kunnen niet onder één noemer worden gebracht met de lichamen van Russische kinderen. Soldaten kunnen vechten, kinderen niet; vandaar dat de twee niet als slachtoffers onder één noemer kunnen worden gebracht. Toch heeft het mechanische criterium om de mate van het kwaad te meten naar het aantal slachtoffers ook wel iets gepast. En ik durf beweren dat als we aan de verantwoordelijkheid van het naziregime alle slachtoffers van de Tweede Wereldoorlog toevoegen, niet alleen die welke in de kampen zijn vermoord, dat dan Stalins regime, hoe afschuwelijk het ook was, er als het mindere kwaad uitkomt, niet alleen in de mate ervan maar ook qua soort.

De aard van de slachtoffers

Op het eerste gezicht vermoordde Stalins regime zijn eigen mensen terwijl Hitlers regime andere mensen vermoordde. Men kon een trouwe nazi zijn en zich in Hitlers Duitsland veilig wanen. Niemand afgezien van Stalin zelf kon zich onder Stalins bewind ooit veilig wanen. In feite – veroorzaakt door zijn regelrechte paranoia – waande zelfs Stalin zich niet veilig, zoals de affaire van het complot van de Joodse dokters aangeeft.

Stalins bewind van terreur was willekeurig. Er moest een quota aan slachtoffers worden gehaald, ongeacht de wandaden. Onschuldige mensen werden opgepakt als dagelijkse routine, velen van hen partijgetrouwen. Stalins terreur was zelfs evenzeer, zo niet meer, gericht tegen partijleden als tegen mensen van buiten. Dit creëerde de merkwaardige perceptie (waarin heel veel realiteit school) dat velen van de daders in Stalins systeem ook zijn slachtoffers waren. Het was dus niet zo simpel als wat Achmatova als de twee Ruslanden beschreef, waarbij het ene het andere naar de kampen zond. Stalin stelde zelfs hoofden van de NKVD zoals Jezjov en Jagoda terecht, die op het dieptepunt van de jaren dertig zijn genadeloze beulen waren geweest. Ook zij, naast Boecharin, Rykov, Krestinsky en trouwens ook Trotski, vielen onder de dubbelzinnige categorie van daders-slachtoffers.

Iets dergelijks deed zich in Duitsland niet voor. Afgezien van de Röhm-zuivering bracht Hitler partijgetrouwen of andere soorten getrouwen geen kwaad toe. De Gestapo-terreur was gericht tegen politieke rivalen zoals de communisten, of tegen minderheden zoals de Joden.

Hitlers bewind was in hoofdlijnen het bewind van een 'eerste beweger', het bewind van een onbewogen beweger. Aristoteles' voorbeeld van een onbewogen beweger gaat over een geliefde die zich nietsvermoedend laat beminnen en die niettemin anderen tot handelen aanzet en erg hun best laat doen haar wensen te raden om ze te kunnen vervullen. Wat in Duitsland plaatsvond was niet altijd een resultaat van Hitlers expliciete instructies. Evenmin was het onderdeel van een onpersoonlijke politieke structuur.

Het was Hitlers rol als de eerste beweger, die soms een onbewogen beweger was, waardoor het nazisysteem kon werken.[9]

Waar het echter om gaat is dat Hitlers bewind over de Duitsers, afgezien van een korte periode tijdens zijn opgang naar de macht, niet hoofdzakelijk op terreur was gebaseerd. De nadruk ligt hier natuurlijk op het bewind over de Duitsers, niet over de naties die hij tijdens de oorlog veroverde. In de veroverde landen heerste hij wel degelijk middels terreur en niets anders dan terreur. Stalins binnenlandse bestuur was daarentegen gebaseerd op terreur als een cruciaal element, omdat dit de enige manier was om zijn wrede bevelseconomie te laten functioneren, omdat er geen andere manier bestond om een logge bureaucratie in beweging te krijgen, of vanwege zijn 'despotische Aziatische' neigingen, of vanwege al deze factoren samen.

Stalins terreur was niet alleen een bewind door middel van angst. Zijn terreur diende in de ogen van de partijleden en aanhangers ook als een bron van legitimiteit. Velen van hen geloofden dat ze niet als enigen doodsbang voor hem waren, en dat dit ook gold voor de vijanden van de revolutie. Ze wilden ook dat de vijanden van de revolutie doodsbang waren. De getrouwen geloofden dat zijn onmenselijkheid een gerechtvaardigd middel was om de revolutie te verdedigen. Het was het aloude idee van Ivan de Verschrikkelijke, dat angst en beven de bronnen van legitimiteit zijn en er niet alleen voor in de plaats komen.

De zegevierende Stalin regeerde, vooral na de Tweede Wereldoorlog, net als Ivan de Verschrikkelijke na de overwinning op de Tataren en de Duitse ridders niet alleen door middel van angst en beven, maar ook door middel van angst en bewondering. Maar wat heeft deze beschrijving, als ze juist is, te maken met onze morele vergelijking tussen de twee regimes?

Om te beginnen vraagt het om een onderscheid tussen het vergelijken van Stalin en Hitler als personen en tussen hun regimes. We zijn geneigd die twee samen te nemen en naar de twee regimes te verwijzen met de synecdoche 'Hitler' of 'Stalin', min of meer zoals we naar deze twee individuen verwijzen. Maar zelfs als we volhouden dat de individuen Hitler en Stalin even slecht waren, of dat Stalin zelfs nog slechter was dan Hitler, dan nog zouden de regimes met betrekking tot de mensen anders moeten worden beoordeeld. In het ene regime werden de eigen mensen geterroriseerd, en ten dele daarom begingen die hun slechte daden. In het andere regime deden ze dit vrijwillig. Hitlers mensen deden wat ze deden vrijwillig, terwijl veel van Stalins mensen tot het kwade werden gedwongen uit een ontzettende angst. Chroesjtsjovs interpretatie, geschetst in zijn beroemde geheime redevoering tot het Twintigste Partijcongres, die beweerde dat Stalin en alleen Stalin verantwoordelijk was voor de terreur, terwijl alle overigen zijn slachtoffers waren, moet met een korreltje zout genomen worden. Of, zoals hij het uitdrukte: 'Maar zoals ik later tegen Mikojan zei "Wanneer Stalin je zegt om te gaan dansen, dan gaat een verstandig man dansen."'[10] Velen, niet alleen Stalin, schiepen het monsterlijke bewind van terreur, en Chroesjtsjov had er zelf veel mee te maken. En toch is er iets in deze beschrijving wat steek houdt. Het is de ambiguïteit van de *slachtoffer-dader*-relatie die het stalinisme moreel dubbelzinniger maakt dan het eenduidige hitlerisme.

De morele status van fellowtravellers

Tot de morele vergelijking tussen stalinisme en hitlerisme behoort ook de morele vergelijking tussen de sympathisanten van de twee regimes. Wat degenen die onder een regime van terreur leefden verexcuseert, verexcuseert niet de sympathisanten die niet aan stalinistische terreur waren onderworpen. De Sovjetbevolking steunde Stalins regime luidruchtig. Dus waarom wordt over Drieu La Rochelle, een nazisympathisant uit vrije wil, een morele banvloek uitgesproken en hebben we een zwak voor Louis Aragon, de stalinistische sympathisant? Per slot van rekening schreef Aragon het verachtelijke gedicht 'Voorspel tot de kersentijd' (1931) met als terugkerende mantra 'Lang leve de GPU'. Ongetwijfeld zouden we hem heel anders tegemoet zijn getreden als hij had geschreven 'Lange leve de Gestapo'. Maar in feite was de GPU, die beter bekend werd onder haar latere acroniem NKVD, een veel alomtegenwoordiger instrument van onderdrukking dan de Gestapo. Tot de oorlog waren er ongeveer 8000 Gestapo-beulen, vergeleken met 350 000 in de GPU.

Een dergelijke vraag over de morele gelijkwaardigheid tussen bijvoorbeeld Aragon en La Rochelle wekt de indruk dat de morele vergelijking tussen hitlerisme en stalinisme niets anders is dan het vereffenen van oude rekeningen met voormalige communisten en hun *fellow travellers*. Maar het blootleggen van de hypocrisie van de pro-Sovjet linkse mensen is als morele kwestie niet serieus genoeg om onze morele theorieën mee te testen. Degenen die ten aanzien van communisme en nazisme het thema van het mindere kwaad naar voren halen, beschikken misschien wel over zo'n motief. Toch betekent dit niet dat de vraag ons niet dwars hoeft te zitten waarom er onder onze beste vrienden wel voormalige stalinisten zijn maar geen voormalige hitleristen, en waarom we voor hen een mate van consideratie aan de dag leggen die we bij hitleristen niet zouden wagen. 'Dat zijn uw woorden', kaatst u misschien terug. Maar ik denk niet dat ik als ik deze semiautobiografische vraag opwerp alleen maar voor mezelf spreek.

Ongetwijfeld voelden in de jaren dertig sommige mensen aan dat er iets mis was met Stalins Rusland, maar ze geloofden dat ze in acute vorm te maken hadden met de vraag naar het mindere kwaad. De enige macht, redeneerden ze, die zowel het nazisme tot staan kon brengen en het ook op zich had genomen er iets aan te doen was het communisme. Gezien het feit dat de echte morele keuze er een was tussen communisme en nazisme kozen ze voor het communisme met het mindere kwaad als argument.[11] Wat het makkelijker maakte om het probleem in dergelijke termen te gieten waren de agitpropagenten die echt bedreven waren in propaganda, zoals Willi Münzenberg. Dergelijke gewiekste propagandisten waren slim genoeg om het woordgebruik waarin de keuze vervat was aan te passen, door 'volksfronten' te creëren die de vraag formuleerden als een keuze tussen fascisme en antifascisme. Partij kiezen voor Rusland was eenvoudigweg de enige effectieve manier om het fascisme te bestrijden. Na de oorlog waren velen die in de jaren dertig een dergelijke keuze voor het mindere kwaad hadden gemaakt dankbaar voor de heldenmoed van het Rode Leger en voor de offers van het Russische volk in de oorlog die Hitler ten val had gebracht. Ze bleven als een daad van dankbaarheid trouw aan Rusland en zijn oorlogsleider. Deze sympathisanten moesten zich wel zien te redden met de pijnlijke episode van het pact tussen Hitler en Stalin, maar de latere heldenmoed van Stalingrad compenseerde dit ruimschoots.

Natuurlijk waren niet alle sympathisanten van Stalin van het 'mindere kwaad'-type. De meesten waren communisten die het communisme eerder als een positief goed dan als een minder kwaad zagen. En velen die het communisme hadden omarmd waren moreel gemotiveerd, terwijl niemand het nazisme om morele redenen omarmde. Dit is veelzeggend. Het communisme bood een morele visie; het nazisme niet. En velen werden aangetrokken door de morele visioen van een niet-uitbuitende klasseloze maatschappij. Maar ik zou me met een ander soort aanhangers willen bezighouden, degenen die scherpzinnig genoeg waren om in te zien dat er iets erg verontrustends school in het stalinisme en er desondanks van overtuigd waren dat het stalinisme het mindere kwaad was. Hadden deze mensen gelijk?

Als ik die vraag stel, dan vraag ik niet of ze gelijk hadden door te geloven dat de situatie er een was van een simpele keuze tussen communisme en nazisme. Maar eerder, omdat ze dat geloofden, of ze er recht op hadden op dat moment moreel de zijde van Stalin te kiezen. Nu, het was hun goed recht, net als dat van Churchill, om te geloven in het argument van het mindere kwaad. Natuurlijk, Churchill geloofde tegelijk dat de keuze niet tussen communisme of fascisme was, maar dat er een veel beter derde alternatief was: *hijzelf*. In de *appeasement*-atmosfeer van dat moment kon degenen die geloofden in een fascisme óf communisme wereldvisie moeilijk iets kwalijk worden genomen.

Ik beweer daarom niet dat deze mensen van het volksfront hun feitelijke taxatie van de wereld valt te vergeven, maar wel dat hun morele taxatie van het mindere kwaad zeker hun goed recht was, net zoals Churchill gelijk had om de duivel te prefereren boven Hitler. Ik geloof echter nog steeds dat ze destijds allen ongelijk hadden met hun argument van het mindere kwaad, omdat beoordeeld naar gewone maatstaven van fatsoen en rechtvaardigheid Stalins regime in de jaren dertig geenszins het mindere kwaad van de twee was. En toch hadden deze mensen iets belangrijks aangevoeld, namelijk dat Hitler een geheel nieuw en ander soort kwaad introduceerde.

De aanval op de moraal zelf

Een belangrijk onderscheid tussen communisme en nazisme is dat het nazisme een aanval op het idee van de moraal als zodanig is, terwijl het communisme, hoe verdorven het onder het stalinisme ook was, dit niet doet. Het idee is dat de voornaamste vooronderstelling van de moraal een gedeelde menselijkheid is. Het naziracisme was, zowel in de leer als in de praktijk, een bewuste aanval op het idee van een gedeelde menselijkheid, en daarom op de mogelijkheid van de moraal als zodanig. Het stalinisme was een vreselijke doctrine – en dat niet slechts in de praktijk –, maar het was geen ontkenning van een gedeelde menselijkheid als zodanig. Dit is althans wat ik wil beweren.

Hoewel ik aan Kant de uitdrukking 'radicaal kwaad' ontleen, neem ik niet de inhoud over die hij eraan gaf. Zoals ik het gebruik is *radicaal kwaad* elke aanval op de moraal zelf. Met aanval bedoel ik niet slechts een doctrinaire nihilistische aanslag op het idee van de moraal, maar een aanslag door middel van een combinatie van leer en praktijk. In die zin is het nazisme radicaal slecht.

Ook Stuart Hampshire beschouwt het nazisme als een aanval op de moraal en niet slechts als een grove schending van de moraal. Maar Hampshire benadrukt de aanval van het nazisme op het idee van rechtvaardigheid. Als we rechtvaardigheid opvatten als de beperkingen die wij mensen opleggen op twee menselijke impulsen – de impuls tot overheersing en de impuls tot het binnenhalen van een groter deel van de opbrengsten voor onszelf – dan gaat het nazisme, in Hampshires visie, geheel en al over onbeperkte overheersing.

Ik benadruk wat ik als de voornaamste vooronderstelling van de moraal beschouw, namelijk het idee dat alle menselijke wezens moreel moeten worden behandeld, zuiver omdat ze mens zijn. Als we het 'softe' racisme terzijde leggen, in de zin van triviale raciale vooroordelen, dan is het harde racisme van de nazivariant – dat oproept om 'inferieure' rassen zoals de Joden en zigeuners uit te roeien en om de Slavische volken te onderwerpen – een flagrante ontkenning van het idee van een gedeelde menselijkheid. Om te handelen naar een dergelijke ontkenning van een gedeelde menselijkheid, zoals het naziregime duidelijk deed, komt neer op het bevorderen van het radicale kwaad. Het ondermijnt de moraal zelf.

Een rot compromis is rot omdat het de moraal ondermijnt. Hitler was niet de enige die de moraal ondermijnde. Maar het onderscheid dat ik hier aanbreng is dat tussen het ondermijnen van de moraal in *daden* en het ondermijnen van de moraal in *daden en in de leer* – precies wat het hitlerisme deed.

Laten we een onderscheid maken tussen *uitwendig* kwaad en *intrinsiek* kwaad. Het uitwendige kwaad is een radicaal kwaad dat neerkomt op een ontkenning van het morele gezichtspunt in daad en in dogma. Het intrinsieke kwaad bevat een grove ondermijning van de moraal in daden zonder in de leer morele gezichtspunten te ontkennen. In termen van dit onderscheid is dan de vraag of we het stalinisme van de beschuldiging van radicaal kwaad moeten ontslaan.

Was het stalinisme radicaal slecht?

Ondermijnt het marxisme in zijn doctrine de moraal? Ondermijnde Stalin de moraal niet alleen met *daden* maar ook in zijn *doctrine*? De eerste vraag is lastig. Het marxisme heeft een ambivalente morele leer. Deze wordt ingegeven door het morele idee van het kwaad van uitbuiting en ontmenselijking als gevolg van vervreemding. Bovendien heeft het marxisme een houding tegenover de moraal die ik in dit boek krachtig ondersteun: 'een samenleving is niet de tempel van waarde-idolen die figureren aan de voorgevel van zijn monumenten of in zijn wetboeken; de waarde van een samenleving is die welke zij toekent aan de relatie van mens tot mens'.[12]

Toch ziet het marxisme de moraal als een ideologie, als een reeks waarden en idealen die ontstaan in specifieke historische omstandigheden en dienstdoen om de economische en maatschappelijke orde van die historische fase te consolideren. Bovendien werd de moraal door orthodoxe marxisten gezien als een sentimentele ideologie, die het klassenconflict maskeerde met abstracte holle ('bourgeois') frasen over de mensheid – wat betekende dat de belangen van de bourgeoisklasse net deden alsof ze de alom geldende belangen van de mensheid waren. Revolutionaire marxisten schepten op over hun taaiheid en onverzettelijke betrokkenheid bij de klassenoorlog: elk appelleren aan een gedeelde menselijkheid dat verder ging dan klasse was verdacht.

Stalin werd gevormd als een geharde revolutionaire marxist, zo zeer dat klasse voor hem bijna de rol speelde die ras voor de sociaaldarwinisten speelde. Voor sociaaldarwinisten is oorlog onder de rassen een biologische noodzaak die gehoorzaamt aan de wetten van de biologie. Voor verstokte marxisten is een onbuigzame klassenoorlog een historische noodzaak die aan de wetten van de geschiedenis gehoorzaamt. Met betrekking tot een gedeelde menselijkheid ontstaat er tussen de twee visies dus niet echt een verschil. Bovendien begrepen Stalin en de stalinisten klassenoorsprong als lot. Allen die in een bourgeoisfamilie waren opgegroeid behielden volgens hun het hele leven onuitwisbare bourgeoisneigingen; hoe trouw ze ook waren aan het grote ideaal, ze bleven verdacht. Klasseafkomst kon op elk moment als beschuldiging worden ingebracht – zoals tijdens de zuiveringen van de jaren dertig ook gebeurde. Al deze verklaringen zijn erg waar en erg reëel, vooral met betrekking tot Stalins persoonlijke houding ten opzichte van de moraal.

Toch bleef Marx' morele streven van kracht in de invloed van het marxisme op de leer van het stalinisme, maar niet in de praktijk. Met stalinisme bedoel ik een afgezwakte vorm van het leninisme en geen aparte ideologie. Het creëren van een klasseloze samenleving voor de hele mensheid waarin er geen uitbuiting zou bestaan was méér dan de officiële partijlijn voor propagandadoeleinden. Het was een diep gevoeld dogma, en ook al werd het eerder verhuld in 'dialectische' holle frasen dan in een morele eis, de morele kracht ervan werd door velen erkend en was een bron van aantrekkingskracht voor velen, vooral in het Westen.

Richard Overy, die scherpzinnig commentaar leverde op de rol van noodzaak, biologisch en historisch, in de houding van beide (marxisme en stalinisme) tegenover de moraal, vermeldt vervolgens snel hun eveneens vijandige houding tegenover het christendom, misschien omdat ze geloofden dat moraal christelijke moraal is.[13] Maar er zijn 'christenen en christenen', zoals er ook 'marxisten en marxisten' zijn; in beide gevallen zijn ze gestalten van een gemeenschappelijke soort. Eén zo'n christen verdient onze aandacht. Stalins houding tegenover de moraal verschilt zelfs in haar marxistische vorm niet feitelijk van die van Tomás de Torquemada, de grote Spaanse inquisiteur uit de vijftiende eeuw, tegenover Christus' morele leer. Je zou je heel goed kunnen afvragen of Torquemada een ware christen was, zoals je je ook kunt afvragen of Stalin een ware marxist was. Mijn antwoord op beide vragen is een voorwaardelijk ja. Beiden behielden, zij het nogal tegendraads, het idee van een gedeelde menselijkheid. Hitler hield het idee van een gedeelde menselijkheid echter niet vast – hoewel hij de term wel bleef gebruiken – zelfs niet in tegendraadse vorm.

De vraag over Torquemada is dezelfde als de vraag die Ivan Karamazov stelt over de Groot-Inquisiteur.[14] De Groot-Inquisiteur gelooft dat door aan de mensheid een morele keuze te geven zoals Jezus die begreep, hij (Jezus) verlossing aan de meeste mensen onthoudt en van verlossing een aangelegenheid maakt voor weinigen. Daarentegen gelooft de inquisiteur dat zijn activiteiten erop gericht zijn alle mensen te redden, en hij doet al het mogelijke om de mensheid de last van de keuze af te nemen. Dostojevski werd verscheurd door de vraag of de Groot-Inquisiteur een authentieke christen is of een volgeling van de duivel (zoals Ivan Karamazov dacht). Dostojevski komt er niet uit. Maar één ding is duidelijk: Dostojevski's Groot-Inquisiteur bekommert zich om de mensheid als geheel. De Groot-Inquisiteur verschilt van Christus in zijn oordeel over de menselijke natuur, maar hij bekommert zich om de verlossing van de mensheid als geheel.

Marxistisch-leninisten in de Sovjet-Unie onder Stalin behielden de morele visie van een niet-uitbuitende klasseloze maatschappij voor de mensheid als geheel; dit is een heel andere leer dan het nazisme, dat elke vorm van erkende moraal verwierp door de mensheid in wezen in onveranderlijke rassen te verdelen.

Het vervliegen van de moraal

De marxistisch-leninistische leer van een klassenoorlog die de staat vernietigde, die gezien werd als een bourgeoisorgaan van repressie, is goed gedocumenteerd. Maar een andere doctrine die verband houdt met de vernietiging van de staat zou je het vervliegen van de moraal kunnen noemen. Wat is deze (stilzwijgende) doctrine, en ondermijnt zij de moraal?

In deze marxistische visie zijn zowel de bourgeoiseconomie als de bourgeoismoraal gebaseerd op een gemeenschappelijke 'naturalistische' vooronderstelling van schaarste: als mensen hebben wij, in alle samenlevingen en onder alle omstandigheden, te maken met een competitieve vraag naar schaarse middelen. De bekende paradox ten aanzien van diamanten laat deze vooronderstelling goed uitkomen. Waarom is de prijs van diamanten zoveel hoger dan de prijs van water, ook al hebben we water nodig om in leven te blijven en kunnen we het gemakkelijk stellen zonder diamanten? Het antwoord, volgens Adam Smith, is schaarste. Vergeleken met de schaarse diamanten is er overvloedig veel water, wat verklaart waarom water goedkoper is dan diamanten.

Ik heb al vermeld dat aristotelische denkers zoals Maimonides dachten dat schaarste een feit uit de wereld van de materie was, maar niet uit de wereld van de geest. Vandaar dat de goede levenswijze het contemplatieve leven van de geest is. Dit is nu precies de strekking die het marxistische denken probeert te verhinderen. Het contemplatieve leven is niet de enige levensvorm die de moeite waard is, zelfs niet degene die de voorkeur geniet. Bovendien is het niet de enige manier om aan schaarste te ontkomen. Als het paradijs de droom van de mensheid is, een leven zonder schaarste, dan geloven de marxisten dat dit wensdenken onnodig is. Goed beschouwd is schaarste een resultaat van historische condities, niet van natuurlijke condities. Schaarste kan in de geschiedenis worden overwonnen. Zij kan enerzijds worden overwonnen door technologische innovaties die wat de materiële wereld ons te bieden heeft immens zal laten toenemen. Anderzijds kan zij worden overwonnen door het creëren van een klasseloze samenleving die geen rivaliserende claims op de beschikbare middelen legt, en die met een andere reeks van verlangens de echte menselijke behoeften bevredigt in plaats van de verlangens die door een irrationale impuls tot overheersing zijn gevormd. Het effect is een radicale verandering in menselijke consumptiepatronen, zodanig dat schaarste over menselijke wezens niet langer macht zal uitoefenen.

Met het verdwijnen van schaarste is niet alleen de economie verdwenen maar vervliegt ook de moraal. In een wereld zonder schaarste bestaat er niet langer de noodzaak tot een moraal, net zomin als er in het paradijs voor Adam en Eva de noodzaak bestond ter onderscheiding van goed en kwaad van de boom der kennis te eten. Overvloed ondermijnt de noodzaak tot een onderscheid tussen goed en kwaad.

De vraag is of deze visie op het overwinnen van de schaarste, en daardoor het ondergraven van de moraal, valt onder het kopje van het ondermijnen van de moraal. Mijn antwoord is: niet in het minst. Het enkele feit dat het communisme ernaar streeft om de moraal te overwinnen door zulke condities te creëren dat die niet langer nodig is, ondermijnt de moraal niet meer dan dat het streven om een volmaakte gezondheid te creëren de geneeskunde ondermijnt.

Het stalinisme is moreel een immens experiment in Pascals weddenschap.[15] Een socialistische wereld met in de toekomst helemaal geen schaarste is van oneindig nut. Het verwachte onweerstaanbare nut van de toekomstige wereld rechtvaardigt, op utilitaire gronden, elke mate van lijden in het heden. De oneindige toekomstige gelukzaligheid doet het lijden van nu op grond van het verwachte nut in het niet verzinken. Deze pascaliaanse gok op de toekomst is een slecht argument, omdat werkelijk alles is toegestaan als je een oneindig nut opneemt in het socialisme van de toekomst of in het koninkrijk dat komt. Elke stand van zaken bezit een kleine waarschijnlijkheid om de gelukzalige toekomst tot stand te brengen: vermenigvuldig dit met het oneindige nut van de toekomst en je gaat een oneindig nut verwachten dat deze toestand rechtvaardigt. Kortom, het stalinistische gebruik van Pascals weddenschap kan evengoed fascisme als communisme rechtvaardigen. Het kan alles rechtvaardigen, en daarom rechtvaardigt het niets.

Maar met al deze morele spitsvondigheid over de gelukzalige toekomst bestaan er natuurlijk ook vragen over de weg ernaartoe, of deze al dan niet naar het beloofde land voert. Of, om op een vertrouwdere metafoor over te stappen, de vraag is of het stalinisme naast het breken van de eieren ook voor een omelet kan zorgen. Letterlijk geformuleerd: waren de middelen die het stalinisme ten dienste stonden toereikend om het gewenste doel tot stand te brengen?

Als het doel een wereld zonder schaarste is, dan moet het antwoord een krachtig nee zijn. Maar als het doel het creëren was van een industriële samenleving die opgewassen was tegen vijanden als nazi-Duitsland, dan is het antwoord ja. Hoe afschuwelijk deze middelen ook waren, de uitkomst van de Tweede Wereldoorlog laat zien dat ze voor dat doel inderdaad adequaat waren. Maar deze tactische zet om het doel te verschuiven, op z'n minst tijdelijk, van socialisme naar industrialisatie is moreel gesproken een afleidingsmanoeuvre. Het werd gebruikt in stalinistische apologieën om Stalins keuze van de juiste manier om het nazisme te overwinnen te rechtvaardigen – alsof het communisme was ontstaan om het nazisme te bestrijden, en alsof er nooit een pact tussen Stalin en Hitler had bestaan, een pact dat Stalin vast van plan was te blijven eerbiedigen. Het is een geval van eerst schieten en later het doelwit bepalen.

In naam van een toekomstige mensheid

De praktijk van het stalinisme was hels maar de idealen waren moreel. Bij het hitlerisme waren zowel de praktijk als de idealen

187

duivels. Des te erger voor het stalinisme, zullen sommigen zeggen. Om deze reden is het veel erger om immoreel te handelen in naam van morele idealen, net zoals het erger is om een hypocriet te zijn en immoreel te handelen dan om immoreel te handelen zonder daar hypocriet over te doen. De nazi's pretendeerden ten minste niet dat ze zich moreel gedroegen.

Daar ben ik het niet mee eens. Het cliché dat hypocrisie de hulde is die ondeugd aan deugd brengt, heeft denk ik een diepe betekenis. Hypocrisie, hoe ergerlijk ook, erkent in ieder geval de moraal; en het communisme, zelfs in zijn verachtelijke stalinistische vorm, is geen nihilisme. In tegenstelling tot het communisme in het algemeen en het stalinisme in het bijzonder, is het nazisme een ontkenning van een gedeelde menselijkheid. Dat is wat ik beweer. Maar is het ook waar?

In een hoofdstuk getiteld 'De aanval op de menselijkheid' wijst Jonathan Glover er terecht op dat de nazipraktijken de ontmenselijking naar meedogenloze extremen voerden. Mij gaat het erom dat niet alleen de praktijk maar ook de leer een gedeelde menselijkheid loochende. Maar dan wordt de vraag of de nazi-ideologie, hoe verward en verwarrend ze ook was, het idee van een gedeelde menselijkheid loochende. Per slot van rekening neemt Glover als motto voor een van zijn hoofdstukken deze woorden van Hitler: 'Degenen die in het nationaalsocialisme niets anders zien dan een politieke beweging, weten er nauwelijks iets van. Het is zelfs meer dan een religie: het is de wil om de mensheid nogmaals te scheppen.'[16] Het valt overtuigend te beargumenteren dat dit idee Stalin en evenmin Mao vreemd is. Zij allen spraken en handelden in naam van een toekomstige mensheid die ze gingen creëren; geen van hen had zich vastgelegd op een concrete gedeelde menselijkheid. Dus waarom doet het ertoe of je bent uitgesloten van een toekomstige mensheid omdat je, zoals in het stalinisme, een parasiterende bourgeois bent of dat je, zoals in het nazisme, een parasiterende Jood bent? Per slot van rekening werden beide categorieën menselijke wezens, bourgeois en Joden, in even onmenselijke termen waargenomen – als 'parasieten'.

Het idee van de toekomst van de mensheid en het idee om 'een nieuwe mens' te vormen zijn fantasieën van vele ideologieën. Bovendien is het idee dat één klasse van mensen op de toekomst van de mens en de mensheid vooruitloopt, hetzij 'de arbeiders', 'de bureaucraten' of 'de studenten', ook een idee dat vele radicale ideologieën met elkaar gemeen hebben. Daarbij hoort het idee dat de mensheid van nu in Bijbelse termen een 'woestijngeneratie' is die op weg naar het beloofde land zal omkomen. Ik beweer dat het stalinisme een extreem geval is van deze gevaarlijke fantasie van ongevoeligheid ten opzichte van de concrete mensen van nu in naam van een abstracte toekomstige mensheid.

Maar het hitlerisme is heel iets anders. Het is het versnijden van de mensheid in rassen. Daardoor sluit het, als punt van dogma, groepen mensen uit van elke morele overweging. Als de Slavische volken in Hitlers 'toekomstige mensheid' dus gedoemd zijn tot slavernij, dan is de ontologische en morele status van de Slavische volken niet beter dan die van huisdieren.

Als het om het nazisme gaat, dan er geen ruimte voor moraal. Op z'n hoogst treffen we in het nazisme een verdorven zindelijkheid aan, die gestuurd wordt door categorieën van vuiligheid. Vuiligheid wordt beschouwd als een degeneratieve ziekte, en daardoor als de degeneratie van het superieure ras. In Hitlers fantasie is de toekomstige mensheid geen mensheid: het superieure ras komt in de plaats van het idee van een mensheid. Als iets het radicale kwaad is dan is dit het wel. Naar mijn mening had Churchill dus gelijk om aan Stalin de voorkeur te geven boven Hitler – of in zijn eigen woorden aan de Duivel boven Herr Hitler – niet omdat eerstgenoemde gradueel een minder kwaad was, maar omdat hij qua type een minder kwaad was.

Noten

Inleiding – Waarom een compromis?

1. Mij bericht door Robert Schulman.

2. *The Day after Trinity: Robert Oppenheimer and the Atomic Bomb*, regie Jon Else (1981).

3. Toegeschreven aan de dichter George Herbert.

4. Joseph Conrad, *Heart of Darkness*. Peterborough, Ont. (Broadview Press) 1999, 2e druk (red. D.C.R.A. Goonetillke).

5. Neal Ascherson, *The King Incorporated. Leopold the Second and the Congo*. Londen (Granta Books) 1999, p. 102.

6. Adam Hochschild, *King Leopold's Ghost. A Story of Greed, Terror, and Heroism in Colonial Africa*. Londen (Macmillan) 1998.

7. Avishai Margalit, 'Ideals and Second Bests.' In: Seymour Fox (red.), *Philosophy for Education*. Jeruzalem (Van Leer Foundation) 1983 , p. 77-90.

8. R. Lipsey & K. Lancaster, 'The General Theory of Second-Best.' In: *Review of Economic Studies* 24, no. 1 (1956), p. 11-32.

9. W.B. Gallie, 'Art as an Essentially Contested Concept.' In: *Philosophical Quarterly* 6, no. 23 (april 1956), p. 97-114; W.B. Gallie, 'Essentially Contested Concepts.' In: *Proceedings of the Aristotelian Society* 56 (1956), p. 167-198.

10. Heinrich von Kleist, *Michael Kohlhaas* (1810). New York (Melville House) 2005. Kleists boek gaat over een zestiende-eeuwse, gezagsgetrouwe paardenhandelaar – Kohlhaas – die onrechtvaardig is behandeld. In zijn wilde streven om het hem gedane onrecht ongedaan te maken, veroorzaakt hij een vreselijke ramp.

11. *Heraclitus Fragments* in het Grieks (Unicode) en het Engels, DK 80, op www.heraclitusfragments.com. Zie Stuart Hampshire, *Justice Is Conflict*. Princeton, N.J. (Princeton University Press) 2000.

12. Babylonische talmoed, traktaat Yevamoth (65 b).

13. Babylonische talmoed, traktaat Sanhedrin (64).

14. De controverse gaat over de aard van de gerechtigheid. Gerechtigheid

is van goddelijke oorsprong, en het is dus niet aan menselijke rechters om af te wijken van de voorgeschreven goddelijke gerechtigheid en compromissen na te streven die, ten behoeve van iets anders, aan gerechtigheid voorbijgaan. Het tegenovergestelde argument gaat uit van dezelfde premisse: omdat gerechtigheid van goddelijke oorsprong is, loopt de rechter een vreselijk risico om het mis te hebben. Een vergissing door de rechter bij het toepassen van goddelijke gerechtigheid is geen simpele vergissing maar een zonde. Daarom is het beter om geschillen te proberen op te lossen via de aardse manier van het compromis dan het risico te lopen van een zondige rechterlijke dwaling.

15. Deze visie zou de vorm van een waardemonisme kunnen aannemen: er bestaat maar één fundamentele waarde, die rechtvaardigheid is; alle andere waarden verhouden zich ertoe als essentiële onderdelen of als instrumenteel bijdragende factoren. In deze visie kan een pluraliteit van onafhankelijke waarden niet botsen.

16. Geciteerd in Max H. Bazerman, 'Why Negotiations Go Wrong.' In: Ira G. Asherman & Sandra Vance Asherman (red.), *The Negotiation Sourcebook*. Amherst, Mass. (HRD Press) 2001, 2e druk, p. 219.

1. Twee visies op een politiek compromis

1. *Parliamentary Debates*, 5e serie, nr. 339 (1938), 5 oktober 1938.

2. A.J.P. Taylor beweert dat de voorwaarden van München veel dichter in de buurt kwamen bij wat Chamberlain in Berchtesgaden voorstelde dan wat Hitler in Bad Godesberg aanbood. Zie de discussie in Niall Ferguson, *The War of the World. Twentieth-Century Conflict and the Descent of the West.* New York (The Penguin Press) 2006, p. 361 e.v.

3. Eric Maskin reikte me de volgende vraag aan: wat was Hitlers concessie in het Verdrag van München waardoor de overeenkomst een 'compromis' zou worden? Het lijkt erop, zegt hij, dat Hitler geen concessie deed; in dat geval is het Verdrag van München géén compromis, en doet het daarom geen dienst als schoolvoorbeeld van een rot compromis.

Waar het om gaat is niet of Hitler *feitelijk* een concessie deed (dat liet hij na); de kwestie is of Hitler *op het eerste gezicht* een concessie deed. Zijn belofte om in Europa verdere eisen op te geven, vooral om Duitse aspiraties op het volledig rechtzetten van 'het onrecht van Versailles' op te geven was inderdaad op het eerste gezicht een concessie.

Destijds geloofden veel mensen in Europa dat de Duitse grieven met betrekking tot het verdrag van Versailles gerechtvaardigd waren. De meeste mensen in Groot-Brittannië geloofden dat het feit dat Duitsland geen verdere aanspraken deed inderdaad een concessie is.

4. Van http://doctor-horsefeathers.com/archives2/003.php.

5. Franse grondwet, Artikel 1, 4 oktober 1958.

6. R. Chang (red.), *Incommensurability, Incomparability, and Practical Reason.* Cambridge (Harvard University Press) 1997.

7. Zie http://en.wikiquote.org/wiki/Talk:F._Scott_Fitzgerald.

8. Oscar Wilde, 'Lady Windermere's Fan.' In: *The Importance of Being Earnest and Other Plays.* Londen (Penguin) 1940, 3e bedrijf.

9. Alan Fiske & Philip Tetlock, 'Taboo Trade-offs. Reactions to Transactions That Transgress the Spheres of Justice.' In: *Political Psychology* 18, no. 2 (1997), p. 255-297.

10. James Griffin, *Well-Being. Its Meaning, Measurement and Moral Importance.* Oxford (Oxford University Press) 1989, p. 83.

11. William Shakespeare, *The Merchant of Venice.* Oxford (Oxford World's Classics: Oxford University Press) 1998 (red. Jay L. Halio), 1.3.153.

12. 'Reparations Agreement between Israel and West Germany', op http://en.wikipedia.org/wiki/Reparations_Agreement_between_Israel_and_West_Germany.

13. De traditionele weergave dat de Bijbel maar schoorvoetend vrijwillige slavernij accepteert, is zeer misleidend. De Hebreeuwse Bijbel beschrijft in het boek Exodus niet zoiets als een vrijwillige keuze door degene die blijft als hij vrij kan worden; het beschrijft dwang. Niet vanwege de liefde van de slaaf voor zijn meester wil hij slaaf blijven; het is de liefde voor zijn vrouw en kinderen. '21:4 Indien zijn heer hem een vrouw gegeven heeft en zij hem zonen of dochters gebaard heeft, zal de vrouw met haar kinderen het eigendom blijven van haar heer, en hij zal alleen weggaan. 21:5 Maar indien de slaaf nadrukkelijk zegt: Ik heb mijn heer, mijn vrouw en mijn kinderen lief, ik wil niet als vrij man weggaan.' De slaaf zegt dus dat hij zijn meester liefheeft en als tegemoetkoming aan zijn familie slaaf blijft. Een dergelijke slaaf verdient onze bewondering, niet onze vermaning; om zijn oor met een priem te doorboren, maakt de zaak nog erger. De Bijbelse

slaaf die zijn oor voor de priem leent sluit geen rot compromis maar gaat een eervolle nederlaag aan – het delen van de last met zijn familie.

14. David Hume, *Enquiry concerning the Principles of Morals*. Oxford (Clarendon Press) 1975 (red. L.A. Selby-Bigge; 3e herz. red. P.H. Nidditch), boek 3, sec. 2; *Dialogues concerning Natural Religion*. Oxford (Oxford University Press) 1935 (red. Norman Kemp Smith), pt.10.

2. Varianten op een compromis

1. Vergelijk echter John P. Conley, Rich McLean & Simon Wilkie, 'Axiomatic Foundations for Compromise Theory. The Duality of Bargaining Theory and Multi-Objective Programming.' Op: http://www.vanderbilt.edu/Econ/jpconley/documents/COOP-games/dual-bargain.pdf; Youngsub Chun & William Thomson, 'Bargaining Problems with Claims.' In: *Mathematical Social Sciences* 24, no. 1 (augustus 1992), p. 19-33.

2. Abhinay Muthoo, *Bargaining Theory with Application*. Cambridge (Cambridge University Press) 1999.

3. George Lowenstein, Leigh Thompson & Max Bazerman, 'Social Utility and Decision Making in Interpersonal Context.' In: *Journal of Personality and Social Psychology* 57, no. 3 (1989), p. 426-441.

4. Ik houd de uitdrukking 'vorm van erkenning' wat vaag, zelfs als een symbool dat opgevuld moet worden door, onder meer, uitdrukkingen als 'politieke erkenning', 'wettelijke erkenning', 'morele erkenning' of zelfs 'erkenning van de menselijkheid van de ander'.

5. Mijn betekenis van 'droompunt' staat echter buiten het spel: een 'droom' is meer een gedroomde beloning dan een verwachte beloning, wat in het jargon van de speltheorie het 'streefpunt' is.

6. Gedurende enige tijd leek het zelfs op een belangrijk compromis en een belangrijk resultaat: Israël dat de PLO erkende en de PLO die het bestaansrecht van Israël erkende. Dit is helaas veranderd met de weigering van de Hamas-regering en Israël om elkaar te erkennen.

7. Thomas C. Schelling, 'An Essay on Bargaining.' In: *American Economic Review* 46, no. 3 (juni 1956), p. 282.

8. Richard Thaler, 'Towards a Positive Theory of Consumer Choice.' In: *Journal of Economic Behavior and Organization* 1 (1980), p. 39-60.

9. Zie James Fearon, 'Rationalist Explanations for War.' In: *International Organization* 49, no. 3 (1995), p. 379-414.

10. Met dank aan Menachem Yaari.

11. Verklaring tot de Knesset door president Sadat, 20 november 1977:

Om eerlijk te zijn, ons land leent zich niet voor koehandel. Het wil zelfs niet ter discussie staan. Voor ons staat de grond van het vaderland gelijk aan de heilige vallei waar de almachtige God tot Mozes sprak – vrede zij met hem. Geen van ons kan (of aanvaarden) er maar één millimeter van op te geven, of om het principe van erover praten of over onderhandelen aanvaarden.

Israëlische ministerie van Buitenlandse Zaken, vols. 4-5 (1977-1979), op http://www.mfa.gov.il/MFA/Foreign%20Relations/Israels%20Foreign%20Relations%20since%201947/1977-1979/73%20Statement%20 to%the%20Knesset%20by%20President%20Sadat%2020.

12. Robert Nozick, 'Coercion.' In: Sidney Morgenbesser, Patrick Suppes & Morton White (red.), *Philosophy, Science and Method. Essays in Honor of Ernest Nagel*. New York (St. Martin's) 1969; Alan Wertheimer, *Coercion. Studies in Moral, Political, and Legal Philosophy*. Princeton, N.J. (Princeton University Press) 1987.

13. Robert Dahl, *How Democratic Is the American Constitution?* New Haven, Conn. (Yale University Press) 2003, 2e druk, p. 15-16.

14. William Lloyd Garrison, 'Abolitionist William Lloyd Garrison Admits of No Compromise with the Evil of Slavery' (1854). In: William Safire (red.) *Lend Me Your Ears. Great Speeches in History*. New York (W.W. Norton) 1992.

15. William Lloyd Garrison, 'To the Public.' In: *The Liberator*, 1 januari 1831.

16. William Lloyd Garrison, 'Resolution adopted by the Massachusetts Anti-Slavery Society' (27 januari 1843). Geciteerd in: Walter M. Merrill, *Against Wind and Tide. A Biography of William Lloyd Garrison*. Cambridge (Harvard University Press) 1963, p. 205.

17. Idem, noot. 5.

18. Vergelijk Paul Finkelman, *Slavery and the Founders. Race and Liberty in the Age of Jefferson*. Londen (M.E. Sharpe) 2001; Evan Carton, *Patriotic Treason. John Brown and the Soul of America*. Londen (Free Press) 2006.

19. Adam Smith, *The Wealth of Nations*. Hampshire (Harriman House) 2007 (introd. Jonathan B. Wright), p. 53, p. 252.

20. James Madison, *Notes of Debates in the Federal Convention of 1787. Reported by James Madison*, Bicentennial ed. New York (W.W. Norton) 1987, p. 530.

21. Statuut van Rome van het Internationale Hof van Strafrecht (http://www.preventgenocide.org/law/iccf/statute/part-a.htm#2), artikel 7: Misdaden tegen de menselijkheid. Voor een bespreking zie Larry May, *Crimes against Humanity. A Normative Account*. Cambridge (Cambridge University Press) 2005.

3. Compromissen voor de vrede

1. Immanuel Kant, 'Toward Lasting Peace. A Philosophical Sketch' (1795). In: *Kant's Political Writings*. Cambridge (Cambridge University Press) 1991, (red. Hans Reiss), p. 93. Nederlandse vertaling: *Naar de eeuwige vrede. Een filosofisch ontwerp*. Amsterdam (Boom) 2004 (vert. Thomas Mertens & Edwin van Elden), p. 55.

2. Robert Nozick, *Anarchy, State, and Utopia*. New York (Basic Books) 1974, p. 149-182.

3. http://www.quotationspage.com/quotes/J. Wat Getty letterlijk zei was: 'De zachtmoedigen zullen de aarde beërven maar niet de rechten op de bodemschatten.'

4. Moshe Halbertal & Avishai Margalit, *Idolatry*. Cambridge (Harvard University Press) 1992.

5. In zijn autobiografie schrijft Leon Trotski dat hij op 11 januari 1919 Lenin een telegram stuurde waarin hij zei: 'Compromis is natuurlijk noodzakelijk, maar niet een dat rot is' (*My Life. An Attempt at an Autobiography*, New York (C. Scribner's Sons), 1930, hoofdstuk 36). Vier jaar later schrijft Trotski: 'Lenin kwam bijna woord voor woord hierop terug' toen hij hem schreef dat 'Stalin een rot compromis zal sluiten en ons vervolgens bedriegen'. Dit zou heel goed de oorsprong van de uitdrukking 'rot compromis' kunnen zijn.

6. Muhammed Ibn Ismaiel Al-Bukhari, *Shih al-Bukhari* 3.891. Engelse vertaling door Muhammad Muhsin Khan op http://www.usc.edu/schools/college/crcc/engagement/resources/texts/muslim/hadith/bukhari/.

7. Frances Kamm, 'Making War (and Its Continuation) Unjust.' In: *European Journal of Philosophy* 9, no. 3 (2001), p. 328-343.

8. John Maynard Keynes, *The Economic Consequences of the Peace*. New York (Skyhorse Publishing) 2007, p. 14.

9. Een vrede die tot stand kwam door de volledige vernietiging van de vijand, omdat Carthago in de Derde Punische Oorlog door de Romeinen werd verwoest.

4. Compromis en politieke noodzaak

1. Ik dank dit voorbeeld aan Mahmood Mandami.

2. Niall Ferguson, *The War of the World. Twentieth-Century Conflict and the Descent of the West*. New York (The Penguin Press) 2006, p. 587.

3. In mijn betekenis wijzen de dramatische keuzes niet op de dramatische keuzes om dramatisch schaarse middelen toe te bedelen, zoals in Guido Calabresi & Philip Bobbitt, *Tragic Choices*. New York (W.W. Norton) 1978.

4. Ik dank dit voorbeeld aan Paul Rozin.

5. http://net.lib.byu.edu/~rdh7/wwi/versailles.html.

6. Ik dank dit oordeel aan David Hallway.

7. Julius Epstein, *Operation Keelhaul. The Story of Forced Repatriation form 1944 to the Present*. Old Greenwich, Conn. (Devin Adair) 1973, p. 1.

8. Nicholas Bethell, *The Last Secret. Forcible Repatriation to Russia 1944-7*. Londen (André Deutsch) 1974 (introd. Hugh Trevor Roper).

9. Nikolaj Tolstoj, *The Secret Betrayal 1944-1947*. New York (Charles Scribner's Sons) 1977, p. 20-21.

10. Alexander Solzjenitsyn, *The Gulag Archipelago 1918-1956*. New York (HarperCollins) 2002 (vert. Thomas P. Whitney & Harry Willetts), hoofdstuk 6.

11. Zie Bethell, *The Last Secret*, p. ix.

12. Zie Tolstoj, *The Secret Betrayal*, p. 413.

13. Idem, p. 422.

14. Bethell, *The Last Secret*, 8.

15. Idem, p. 11.

16. Idem, p. 10.

17. Met dank aan Jonathan Greenberg, die mijn aandacht vestigde op de notie van 'hulp en bijstand' in het recht.

18. Leszek Kołakowski, *My Correct Views on Everything*. South Bend, Ind. (St. Augustine's Press) 2005, p. 9.

19. In een gesprek onder vier ogen.

20. Martin Gilbert, *Winston S. Churchill*, dl. 7: *Road to Victory, 1941-1945*. Boston (Houghton Mifflin) p. 1232.

21. Evan Esar, *20,000 Quips & Quotes*. New York (Barnes and Noble) 1968, p. 857.

22. Ashton Applewhite, William R. Evans III & Andrew Frothingham, *And I Quote*. New York (St. Martin's Press) 1992, p. 48.

23. Maimonides, *The Laws of the Basic Principles of the Torah*, hoofdstuk 5, sec. 4.

24. Reinhold Niebuhr, *Moral Man and Immoral Society. A Study in Ethics and Politics*. Louisville, Ky. (Westminster John Knox Press) 2001.

25. Bertrand Russell, *Mysticism and Logic* (1917). Mineola, N.Y. (Dover Publications) 2004, p. 47.

5. De moraal van rotte compromissen

1. Avishai Margalit, *The Ethics of Memory*. Cambridge (Harvard University Press) 2002. Nederlandse vertaling: *Herinnering. Een ethiek voor vandaag*. Amsterdam (SUN) 2006 (vert. Ineke van der Burg).

2. Ik beschouw relaties niet als ethisch tenzij ze een morele drempel overschrijden. Maar voor het contrast ga ik hier aan deze eis voorbij.

3. Benedict Anderson, *Imagined Communities. Reflections on the Origin and Spread of Nationalism*, Londen (Verso) 1991 (herz. ed.).

4. Niet alle sterke relaties brengen ethische relaties voort. Uit erg sterke bloedrelaties kunnen vetes losbarsten.

5. Het tribale beeld verschilt van Hobbes' beeld van de mens als een wolf dat het geen individueel egoïsme veronderstelt maar alleen collectief egoïsme. Een tribaal beeld van sociale relaties heeft ruimte voor de vreemdeling die toevallig een gast is: hij is het voorwerp van de tribale gulheid en de verplichting om hem te beschermen. De slechtheid van Sodom en Gomorra (Richteren 19) bestaat uit de ongastvrijheid tegenover de vreemdeling, terwijl Abraham de Bijbelse belichaming van de vriendelijke gastheer is. Maar zijn genereuze houding tegenover vreemden met wie hij slechts verre relaties onderhoudt is een tijdelijke uitbreiding van ethische relaties met vreemdelingen die, in de taal van Lot, 'onder de schaduw van

mijn huis' komen. De vreemdeling onder je dak, niet de vreemdeling in het algemeen, geniet deze speciale status.

6. John Locke, *The Works*, dl. 2. Aalen (Scientia Verlag) 1963, p. 224-225.

7. Carl Schmitt, *Political Theology. Four Chapters on the Concept of Sovereignty* (1922). Cambridge (MIT Press) 1985 (vert. George D. Schwab); uitgave University of Chicago, met een inleiding door Tracy B. Strong. Chicago (University of Chicago Press) 2004. Carl Schmitt, *The Concept of the Political* (1927). Chicago (Chicago University Press) 1996 (vert. George D. Schwab); 2006 (idem, uitgebreide editie met een inleiding door Tracy B. Strong). Giorgio Agamben, *State of Exception*. Chicago (University of Chicago Press) 2005 (vert. Kevin Attell).

8. Avishai Margalit, 'Open Texture.' In: Avishai Margalit (red.), *Meaning and Use*. Dordrecht (D. Reidel) 1979, p. 141-152.

9. *Life*, 5 december 1960, p. 146.

10. Vonnis van rechter Benjamin Halevi, strafrechtcasus 124/53; *Procureur-generaal versus Malchiel Greenwald*, arrondissementsrechtbank, Jeruzalem, 22 juni 1955, http://www.fantompowa.net/Flame/judge_halevi.htm.

11. Thomas Hobbes, *Leviathan* (1651), deel 1, hoofdstuk 13.

12. Richelieu werd inderdaad een zinnebeeld van het principe van staatsraison, volgens welke het belang van de staat de enige overweging van een staatsman is en de enige bron van legitimiteit. Ondanks dat hij een geestelijke is, wordt hij gezien als degene die de autonomie van de politiek heeft laten gelden, bevrijd van confessionele overwegingen.

Dit is echter niet de visie van Richelieu op zijn eigen politiek. Hij hield vol dat hij in het zakendoen met protestanten (Zweden, Holland en sommige Duitse vorstendommen) tegen katholieken (Spanje en Oostenrijk) handelde volgens de dictaten van het natuurrecht, vooral naar de noodzaak tot zelfverdediging, evenals naar de eis om de noodlijdenden te beschermen.

Zijn egocentrische weergave kan gezien worden als een extra teken van zijn cynisme; J.H. Eliot houdt echter een krachtig pleidooi voor de oprechtheid van Richelieus visie op zichzelf. Ik ben bereid te geloven dat Richelieu oprecht was. Maar dan zat hij er eerder naast dan dat hij oneerlijk was. Om van Richelieu een zinnebeeld van staatsraison te maken is volgens mij een vergissing.

Zie J. H. Eliot, *Richelieu and Olivares*. Cambridge (Cambridge University Press) 1991, hoofdstuk 5.

13. Vergelijk Hans Morgenthau, *Politics among Nations. The Struggle for Power and Peace* (1948). New York (Knopf) 1973.

14. Jean-Paul Sartre, 'Existentialism Is a Humanism.' In: Walter Kaufman (red.), *Existentialism from Dostoevsky to Sartre*. New York (Meridian) 1956, p. 287-311.

15. Mitchell N. Berman, 'Justification and Excuse. Law and Morality.' In: *Duke Law Review* 52, no. 6 (1989), p. 868-869; Peter Westen & James Mangiafico, 'The Criminal Defense of Duress. A Justification, Not an Excuse – And Why It Matters.' In: *Buffalo Criminal Law Review* 6 (2003), p. 833.

6. Sektarisme en compromis

1. J. J. Saunders, *A History of Medieval Islam*. Londen (Routledge) 1990.

2. Maureen A. Tilley, *The Bible in Christian North Africa. The Donatist World*. Minneapolis (Fortress Press) 1997.

3. Norman Cohn, *Noah's Flood. The Genesis Story in Western Thought*. New Haven (Yale University Press) 1996, p. 28-31.

4. Michael White, *De Stijl and Dutch Modernism*. Manchester (Manchester University Press) 2003.

5. Seymour Martin Lipset, *Continental Divide. The Values and Institutions of the United States and Canada*. New York (Routledge) 1990, p. 42-57.

6. Edna Ullmann-Margalit, *Out of the Cave. A Philosophical Inquiry into the Dead Sea Scrolls Research*. Cambridge (Harvard University Press) 2002, hoofdstuk 3.

7. In een lezing voor Princeton University, winter 2002.

8. *The Encyclopedia of Islam*. Nieuwe ed. Leiden (E.J. Brill) 1965, 2: p. 930-931; Michael Cook, *Early Muslim Dogma. A Source-Critical Study*. Cambridge (Cambridge University Press) 1981.

9. Johann Jacob Herzog, Philip Schaff & Albert Hauck (red.), *Schaff-Herzog Encyclopedia of Religious Knowledge*. New York (Funk and Wagnalls) 1908-1914, p. 24-25; Jonathan D. Spence, *The Memory Palace of Matteo Ricci*. New York (Penguin) 1994.

10. Moshe Halbertal, *Concealment and Revelation. Esotericism in Jewish Thought and Its Philosophical Implications*. Princeton, N.J. (Princeton Uni-

versity Press) 2007 (vert. Jackie Feldman), m.n. p. 166-167.

11. Zie Gadi Yatziv, *The Sectorial Society.* Jeruzalem (The Bialik Institute) 1999 (in het Hebreeuws).

12. Alan Cameron, *Circus Factions. Blues and Greens at Rome and Byzantium.* Oxford (Clarendon Press) 1976.

13. Khaled Haroub, *Hamas. Political Thought and Practice.* Washington. D.C. (Institute for Palestinian Studies) 2000; Shaul Mishal & Avraham Sela, *The Palestinian Hamas: Vision, Violence, and Coexistence.* New York (Columbia University Press) 2000.

14. Zie James D. Fearon & David Laitin, 'Ethnicity, Insurgency, and Civil War.' In: *American Political Science Review* 97, no. 1 (2003), p. 57-90.

15. Jonathan J. Price, *Thucydides and Internal War.* Cambridge (Cambridge University Press) 2001.

16. *The Encyclopedia of Islam,* nieuwe ed., vol. 10 (2000), p. 134-135.

17. Gilles Kepel, *Fitna. Guerre au coeur de l'islam.* Parijs (Gallimard) 2004.

18. Adam Przeworski, *Capitalism and Social Democracy.* Cambridge (Cambridge University Press) 1985.

Conclusie – Tussen kwaad en radicaal kwaad

1. Stuart Hampshire, *Innocence and Experience.* Londen (Jonathan Cape) 1999.

2. Gilbert Ryle, 'Jane Austen and the Moralists.' In: *Collected Papers. Critical Essays and Collected Essays 1929-68,* vol 1. New York (Barnes and Noble) 1971.

3. Winston S. Churchill, *The Second World War,* vol. 3, *The Grand Alliance.* Boston (Mariner Books) 1986, p. 332.

4. Idem, p. 379.

5. Idem, p. 332.

6. Eric Hobsbawm, *The Age of Extremes. The Short Twentieth Century, 1914-1991.* Londen (Michael Joseph) 1994, p. 14.

7. Stéphane Courtois et al., *The Black Book of Communism.* Cambridge (Harvard University Press) 1999 (vert. Jonathan Murphy & Mark Kramer).

8. Jonathan Glover, *Humanity. A Moral History of the Twentieth Century.* Londen (Jonathan Cape) 1999, p. 317.

9. Vergelijk Ian Kershaw, *Hitler, 1936-1945: Nemesis.* New York (W.W. Nor-

ton) 2001; Ian Kershaw & Moshe Lewin, *Stalinism and Nazism. Dictatorships in Comparison.* Cambridge (Cambridge University Press) 1997.

10. 'Khrushchev: Notes from a Forbidden Land.' In: *Time*, 30 november 1970.

11. De beste beschrijving staat in François Furet, *The Passing of an Illusion. The Idea of Communism in the Twentieth Century.* Chicago (University of Chicago Press) 1999 (vert. Deborah Furet).

12. Maurice Merleau-Ponty, *Humanism and Terror.* Boston (Beacon Press) 1969 (vert. John O'Neill), p. xiv.

13. Richard Overy, *The Dictators. Hitler's Germany and Stalin's Russia.* New York (W.W. Norton) 2004, hoofdstuk 7: 'The Moral Universe of Dictatorship'.

14. Fyodor Dostojevski, *The Brothers Karamazov.* New York (Barnes & Noble Classics) 2004 (vert. Constance Garnett), hoofdstuk 5.

15. Blaise Pascal, *Pascal's Pensées.* New York (P.F. Collier and Son) 1910 (vert. W.F. Trotter), p. 233.

16. Glover, *Humanity*, p. 315.